Pour Natanael, qui aura 101 ans en 2109.

Conception graphique et mise en pages : Thierry RENARD
Photogravure : SÉTIG (Angers)
Ce livre a été imprimé par POLLINA (Luçon)

ISBN : 978-2-84833-227-7
Éditeur : 45.01.05.10.09 – N° d'impression : L51497

PHOTO DE COUVERTURE. Digue de Pors Gwen à Plouescat, Finistère, le 10 février 2009.
PAGES DE GARDE. Une plage à Locquirec, deux arcs, trois fois rien, quatre saisons dans le ciel, cinq bateaux, sept couleurs. Neuf, un regard neuf sur la Bretagne.
PAGE 6. Pêcheur de truite sur le lac de Brennilis ou magie des monts d'Arrée anticipant sur leur colonisation par les Inuits ?

QUATRE SAISONS
EN BRETAGNE

TEXTE
FRANÇOIS de BEAULIEU

PHOTOGRAPHIES
HERVÉ RONNÉ

ÉDITIONS
Le Télégramme

ADIEU AUX SAISONS

Chaque année apporte son lot de livres sur la Bretagne. « N'en jetez plus ! », est-on parfois tenté de crier aux confrères, aux éditeurs et à soi-même. Il faudra donc bien quelques lignes de préface pour justifier celui-ci de plus. Au-delà des terribles lois qui font que les éditeurs cessent d'exister s'ils cessent d'éditer et que les auteurs cessent de vivre s'ils cessent d'écrire, il est un fait majeur, nouveau, écrasant, qui change la donne et le sens même de ce que l'on écrit.

Le dérèglement climatique, l'immense crise qui balaie les équilibres planétaires n'a pas fini de nous bousculer. Chaque jour qui passe lui donne d'autant plus de force que rien de sérieux n'est engagé pour l'enrayer. L'expression populaire « Il n'y a plus de saison » va prendre valeur de vérité universelle, et la formule « On va le payer » (plus vraie encore) trouvera sa vérité non dans des pluies intenses rétablissant l'équilibre après des jours trop ensoleillés, mais dans les larmes et le sang.

Nous avons mis un bon siècle à dire adieu à une société paysanne née autour des dolmens et des menhirs il y a sept mille ans ; nous n'aurons pas cent ans pour dire adieu aux saisons. Certes, la rotation de la Terre autour du Soleil nous garantit des équinoxes et des solstices, mais nous mesurons mal ce qui restera des liens subtils et saisonniers qui nous lient au monde au travers de la nature sauvage, des cultures et de l'élevage, des travaux quotidiens et des fêtes.

Prenons date, comme nous l'avons fait il y a trente ans avec quelques écologistes ridiculisés parce qu'ils proclamaient : « Demain il sera trop tard. » Dressons ici une sorte d'état des lieux, aussi subjectif qu'étayé aux meilleures sources et regard du photographe à l'appui, afin de mieux saisir la situation de ce petit morceau de planète que l'on nomme Bretagne. Arpentons notre petite location pour qu'au moins nul ne nous prive de nos colères et de nos meilleurs souvenirs.

HIVER

PAGE PRÉCÉDENTE. L'embrasement de Den Paolig clôture le carnaval de Douarnenez, il peut être homme ou femme selon les années.

CI-CONTRE. Les ajoncs sont des quatre saisons. CI-DESSOUS. Le houx servait à prédire les quatre états auxquels la fille ou le garçon pouvait prétendre en parcourant les pointes d'une feuille : « fille, femme, veuve, religieuse » ou « fils, homme, veuf, religieux ».

Fruits et fleurs de l'hiver.

Il y a des plantes qui aiment faire fête avec nous. Si ce n'était le cas, pourquoi le houx et le gui se donneraient-ils tant de mal pour garder leurs feuilles au cœur de l'hiver et y ajouter mille petites boules brillantes, rouges ou blanches ? Pourquoi l'ajonc s'entêterait-il à fleurir même sous la neige ?

Il fut un temps où le houx était un arbre comme les autres ou presque. On en tirait un bois apprécié des artisans qui avaient besoin d'une essence très dure, et son grain très fin permettait de fabriquer des éléments soumis aux assemblages les plus précis et aux plus pénibles traitements dans les roues de charrette et de moulin ou, tout simplement, les manches d'outil. Même les branches souples offraient des services appréciés : balais de ramonage grattant la suie ou enseignes d'auberge jouant sur les mots : « Houx vert ». Un très ancien dicton breton, lui aussi, d'ailleurs, joue sur le nom de la plante : *E pep amzer kelenn* peut en effet se comprendre de deux façons. *Kelenn* signifiant autant « houx » que « enseignement », on peut entendre « Il y a du houx en tout temps » (le houx est toujours vert) ou bien « Instruire en toute occasion ».

Mais le temps est venu où l'on ne voit plus guère tourner de roues de charrette et de moulin et où l'on n'entend plus beaucoup parler breton. Le houx ne semble plus avoir trouvé d'autres raisons d'exister que d'alimenter les petits oiseaux et de décorer nos maisons…

Le gui, lui, n'a jamais connu la modestie des usages communs. Certes, on en faisait de la glu (comme de la seconde écorce du houx), mais il peut déjà s'enorgueillir d'être à l'origine, au travers de son nom latin, du mot « visqueux ». Certes, il entrait dans des préparations pharmaceutiques, mais pas n'importe lesquelles, puisqu'elles avaient le pouvoir de sauver comme celui de tuer. Quoi d'étonnant à cela, puisque le gui tire sa plus grande originalité de rester vivant sur l'arbre « tué » par l'hiver.

En haute Bretagne, une boule de gui de pommier était l'enseigne des auberges qui servaient du cidre.

Comme le houx, il est la providence des oiseaux. La réciproque est vraie aussi : c'est après un passage dans le tube digestif de ces derniers que la graine, enrobée d'engrais et tombée par bonheur sur la ride d'une branche, va se développer. Le gui est particulièrement présent sur le pommier, l'orme, le tilleul, le pin, le peuplier et le saule. En revanche, on le trouve très rarement sur le chêne, ce qui expliquerait le grand cas qu'en faisaient les sociétés celtes. Mais quelle que soit l'abondance des arbres favorables, le gui évite presque toutes les zones du littoral de la basse Bretagne, où les vents chargés d'embruns le font fuir.

Il ne faut pas mettre tous les ajoncs dans le même sac, sinon le risque est grand de se piquer à l'heure de vouloir les séparer : il en existe trois en Bretagne. L'ajonc nain, qui pousse dans les landes humides de haute Bretagne, donne, de juillet à octobre, de belles fleurs jaune citron, entourées d'épines courtes, denses et assez droites. L'ajonc de Le Gall (On ne fait pas plus breton puisqu'il porte le nom d'un botaniste originaire de la région.) arbore, de juillet à décembre, une parure jaune légèrement orangé et présente des épines arquées ; il pousse sur les sols pauvres et dans les landes moyennement humides de Bretagne occidentale. Quant à l'ajonc d'Europe, présent un peu partout mais préférant les landes sèches ou peu humides, il donne des fleurs d'octobre à juin, plus abondantes en fin de période. Aucun doute possible, les ajoncs enchaînent ou superposent leurs floraisons de telle sorte qu'il y en a toujours au moins un pour nous offrir de la couleur et des parfums d'amande, même en hiver. Une telle merveille valait bien une légende, et l'on racontait que c'était Dieu lui-même qui avait ajouté ce détail à l'horrible plante uniquement composée d'épines sortie des griffes du diable s'essayant lui aussi à faire un monde.

Ceux qui dorment.

À la différence de ceux qui se fatiguent à chercher leur pitance dans une eau glaciale ou dans des herbes mouillées ou encore de ceux qui s'épuisent à gagner l'Afrique, il est des animaux qui ont opté pour la mise entre parenthèses.

La parenthèse peut être assez courte. Par exemple, le blaireau n'exclut pas de faire un petit tour dès lors que le temps se fait assez doux. On est en Bretagne quand même ! Certes, il ne fera plus sa vingtaine de kilos au sortir de l'hiver, mais ses goûts éclectiques lui permettent de toujours trouver quelques bulbes en sous-bois ou une charogne au coin d'un champ. Pour le paysan breton, il ne faisait cependant aucun doute que le blaireau dormait six mois de suite en se contentant de lécher la graisse gouttant de son derrière. C'est d'ailleurs cette graisse qui était utilisée pour cirer les chaussures, même si on disait que les chiens venaient pisser sur les pieds de la fille dont on avait frotté les souliers avec ce produit…

Le hérisson, le muscardin, le lérot, s'organisent aussi pour trouver des abris discrets où attendre les beaux jours, plongés dans un profond sommeil ponctué, environ une fois par semaine, d'un bref réveil. La température corporelle est alors de 5 °C. La survie de l'animal dépend de l'importance de ses réserves de graisse, et à la fin de la parenthèse hivernale, un hérisson aura généralement perdu le tiers de son poids initial.

Le murin à oreilles échancrées a un beau pelage laineux, brun roux sur le dos et de couleur crème sur le ventre. Il est protégé comme toutes les chauves-souris.

La parenthèse peut être plus complexe. Il en est ainsi pour les chauves-souris, dont on aurait tort de croire qu'elles restent totalement inactives. Du fond des caves, des blockhaus, des galeries de mines, des greniers, des combles d'églises ou de châteaux, elles perçoivent la moindre modification de température (il leur faut 10 °C) et d'humidité (il leur en faut 100 %), et certaines d'entre elles vont jouer avec les courants d'air et l'architecture du lieu pour rester en permanence dans les conditions optimales afin d'économiser leur énergie. Cependant, il faut toujours se garder de généraliser, car il y a vingt et une espèces de chauves-souris différentes en Bretagne (pour trente-quatre en France), et celles qui dorment coincées dans une fissure ne vont pas avoir le même comportement que celles qui se font une couverture de leurs ailes et s'accrochent au plafond comme les rhinolophes. Il va de soi que la plus grande tranquillité est requise, tant un réveil brutal peut être dangereux.

L'association Bretagne Vivante assure le suivi des colonies de chauves-souris installées dans les fortifications de Dinan.

La léthargie n'est pour les chauves-souris qu'un moyen d'attendre sans mourir de faim que reviennent avec le printemps les insectes dont elles se nourrissent quasi exclusivement. (Les murins de Daubenton peuvent pêcher des petits poissons en surface.)

En fait, la léthargie hivernale est un phénomène qui touche, à des degrés divers, tout ce qui vit en harmonie avec le monde. François Truffaut notait non sans raison que « comme certains animaux, les femmes pratiquent l'hibernation. Pendant quatre mois, elles disparaissent ; on ne les voit pas. Aux premiers rayons de soleil du mois de mars, comme si elles s'étaient donné le mot ou comme si elles avaient reçu un ordre de mobilisation, elles surgissent par dizaines dans les rues en robes légères et talons hauts. Alors la vie recommence ».

Migrateurs de nos côtes.

À chaque saison ses touristes. Ceux de l'été demandent de l'animation, des festivals, des plages et des paysages comme dans les dépliants. Ceux de l'hiver demandent de la tranquillité, rien de plus. Quant aux autres, ils se débrouillent. Ils ne sont pas difficiles. Les vasières font généralement leur bonheur. Et il est vrai que, en matière de vasières, la Bretagne en a pour tous les goûts, avec des sables plus ou moins fins, des coquillages et des vers plus ou moins gros, des herbiers, des chenaux et deux services quotidiens de marée qui renouvellent les découvertes. Rien ne manque non plus pour ceux qui préfèrent plonger dans l'eau libre ou fouiller entre les galets et les algues.

L'aigrette garzette est le bel exemple blanc des effets conjugués de sa protection légale et du réchauffement climatique. Nicheuse en Loire-Atlantique depuis 1960, elle est remontée vers le nord pour nicher, depuis 1992, en baie de Morlaix et gagner le reste du littoral nord dans la décennie suivante.

Les oiseaux migrateurs de l'hiver ne manquent jamais leur rendez-vous avec la Bretagne. Tout au plus, les premiers diffèrent leur date d'arrivée de quelques jours en fonction du vent et de la température. Ils sont suivis, par vagues, du gros des troupes. C'est en janvier qu'ils sont en général le plus nombreux, et c'est à ce moment que les ornithologues les comptent, de la baie de Bourgneuf à la baie du Mont-Saint-Michel : 250 000 limicoles (courlis, barges, chevaliers, bécasseaux...) et 50 000 foulques et anatidés (canards, oies...).

Les uns, tels les courlis, ne traînent guère sur leurs sites de nidification et commencent à arriver dès le mois d'août, mais ils repartiront en février. D'autres ne semblent partir que contraints et forcés. Certains nous ramènent d'étranges nouvelles du fin fond du cercle arctique. C'est le cas des oies bernaches : la grande majorité des 20 000 individus qui stationnent l'hiver en Bretagne sont originaires de la presqu'île du Taïmyr, à l'est de la mer de Barents, dans le Nord sibérien. On les reconnaît à leur tête noire, avec une petite tache blanche de chaque côté du cou qui peut passer pour un collier, à leur dos noir et à leur ventre sombre, où se détache le croupion blanc.

Les tournepierres à collier en plumage hivernal nous viennent en grand nombre du Groenland. Il y a hiver et hiver.

Les jeunes nés dans l'année ont des liserés blancs dans le noir des ailes et pas de marque au cou. Grâce à quoi on peut mesurer le degré de réussite de leur lointaine nidification. Ainsi, en 2002, il y avait 9,3 % de jeunes sur un échantillon de vint-six mille oiseaux observés en France. En 2008, ils étaient encore moins nombreux, et on apprit bientôt que la toundra était restée couverte de neige beaucoup plus tard que d'habitude et laissait des passages vers les îles pour les renards…
Nul besoin cependant d'être ornithologue pour aimer ces envahisseurs paisibles. Il suffit de se rendre au bord des baies, des marais, des estuaires où ils se rassemblent pour comprendre à quel point ils leur donnent vie. Baies du Mont-Saint-Michel, de Saint-Brieuc, de Morlaix et de Goulven, rade de Brest, golfe du Morbihan, estuaires de la Vilaine et de la Loire, lac de Grand-Lieu… chacun de ces sites a sa signature, sa musique propre. À Goulven, dans le Finistère Nord, elle peut se composer avec des tadornes, des chevaliers gambettes arlequins et aboyeurs, des bernaches cravants, des aigrettes, des spatules, trois espèces de grèbes, des pluviers argentés et des bécasseaux variables, des canards siffleurs, mais aussi des vanneaux, des bruants des roseaux, des râles d'eau, deux faucons pèlerins, un busard des roseaux… À 100 kilomètres au nord, à vol de courlis, la baie de Saint-Brieuc joue un air fort différent avec ses macreuses noires, ses canards chipeaux, ses eiders, ses pingouins, ses pluviers dorés, ses chevaliers gambettes et ses inévitables bernaches…

Les bernaches donnent une ambiance sonore toute particulière aux vasières qu'elles fréquentent.

Trophée de chevreuil
dans une cave de Concoret
dans le Morbihan.

Chiens de chasse.

Les Bretons n'ont jamais revendiqué un goût pour la chasse tel qu'il serait constitutif de leur identité au même titre qu'il peut l'être dans le Sud-Ouest. Mais la grande majorité des chasseurs bretons proclame haut et fort son attachement à ses chiens de chasse. Le Breton a en effet trouvé dans cette dimension de la chasse une façon d'exprimer son goût pour la domestication, et on peut croire tous ceux qui considèrent que le meilleur de la chasse, c'est « le travail du chien ». D'ailleurs, la reine des chasses en Bretagne n'est-elle pas la chasse à la bécasse, laquelle ne peut se pratiquer sans un chien particulièrement bien dressé ? C'est dire si les concours de meutes ou de chiens d'arrêt occupent une part importante du calendrier des chasseurs les plus passionnés. Ce n'est donc pas un hasard si trois races de chiens trouvent leur berceau en Bretagne.

Les chiens dressés à la chasse ou au combat n'ont appartenu longtemps qu'à l'aristocratie. Ainsi, le griffon fauve de Bretagne, déjà connu et apprécié de François Ier, apparaît sous le nom de « fauve de Lamballe » en 1561, dans le célèbre traité de vénerie de Du Fouilloux. Taillés et dressés pour la chasse à courre, les griffons fauves étaient des animaux impressionnants pouvant atteindre jusqu'à 70 centimètres. Les louvetiers n'hésitaient pas à les croiser avec des louves, élevées à cette seule fin, pour leur conférer encore plus de hargne dans la poursuite des cerfs, des

sangliers et surtout des loups. La disparition des loups contribua à la disparition des grands fauves de Bretagne ; déjà peu de veneurs avaient les moyens et le goût de les entretenir, tant ils étaient féroces. S'il est possible d'en voir encore de nos jours, c'est que des éleveurs se sont appliqués, après la Seconde Guerre mondiale, à reconstituer la race éteinte. À partir des chiens (souvent des briquets) que l'on trouvait dans les fermes de Bretagne centrale, des chasseurs ont obtenu les deux griffons bretons actuels : le basset fauve par réduction et le grand fauve par stabilisation d'un certain nombre de caractères. Le grand griffon fauve a un poil très dur et raide, de couleur

Le rappel sonne lors du concours de chiens de meute à Scrignac dans le Finistère.

À GAUCHE. Michel le Floch de Poullaouen dans le Finistère et son chien Rocky, champion des épagneuls bretons.

À DROITE. Concours du basset fauve de Bretagne à Plouarzel dans le Finistère.

froment doré parfois brun-rouge, et une taille allant de 48 à 56 centimètres. Il n'a toutefois pas connu le succès de son cousin basset, qui mesure 32 à 38 centimètres et montre de grandes qualités pour la chasse au lapin.

Mais il est difficile de faire plus populaire que l'épagneul breton. Ce n'est qu'après un bon siècle de croisements au petit bonheur la chance dans les fermes du centre Bretagne, où de rustiques chiens locaux accueillaient les pointers et les setters anglais de chasseurs en visite, que l'épagneul breton a pu être porté sur les fonts baptismaux des expositions canines et des livres officiels. Pinçon Royal fut présenté en 1896 à Paris, et Boy, né en 1905, fut le premier à être inscrit au *Livre des origines françaises*. Le premier club d'éleveurs fut fondé à Loudéac en 1907. Près d'un siècle plus tard, le standard a quelque peu évolué, mais l'épagneul breton est répandu dans le monde entier et est devenu (avec le setter) l'un des premiers chiens de chasse en France. C'est le plus petit de tous les chiens d'arrêt, et c'est – il fallait s'y attendre – à la chasse à la bécasse qu'il montre toutes ses qualités.

Quand vous verrez un épagneul breton, pensez que vous avez sous les yeux un concentré de Bretagne centrale : ce qu'il faut de la rudesse de ses hivers et juste assez de la sobre douceur de ses printemps pour en faire un vrai compagnon.

Les pommes et le cidre.

Saviez-vous que la pomme était un calendrier ? Coupez une pomme horizontalement, vous trouverez alors l'étoile à cinq branches des pépins. Elle donne la mesure du temps de nos ancêtres qui comptaient en lustres. Comment s'étonner alors du rôle magique des pommes chez les Celtes ?

Saviez-vous que la pomme commandait aux vents ? Le folkloriste Louis-François Sauvé a recueilli vers 1880 une longue oraison collective que l'on adressait en cas de tempête à deux pommes jumelles précieusement conservées dans une boîte :

Vent effroyable et déchaîné,
Par toi tout sera bouleversé.
Ni dans la maison, ni au dehors,
Sûreté ne sera si tu continues,
Et cependant, malgré tes menaces,
Nous avons ici contre toi remède.
Fruit bon et délicieux,
Jetez sur nous un regard de pitié ;
Vous commandez au temps
Aussi bien en ce pays qu'en tout quartier.
Aux champs vous avez été formé,
À la cime d'un arbre vous avez mûri,
Et toujours vous avez pu faire la loi
Au vent, si courroucé qu'il fût (...)

Saviez-vous que la pomme permet de communiquer avec l'au-delà ? C'est ce qu'affirment les textes primitifs de l'Irlande et du pays de Galles, qui font aussi apparaître des pommes permettant aux héros de survivre lors de leurs voyages vers l'autre monde. L'arbre aux pommes qui accompagne les cérémonies de la Toussaint à Plougastel-Daoulas est peut-être la lointaine survivance de ces croyances. C'est d'ailleurs dans l'île d'Avalon – pomme se dit *aval* en breton – que repose le roi Arthur. L'autre monde, où tout est harmonie, ne peut donc être qu'un verger !

Dégustations lors de la journée de la pomme à l'écomusée de Saint-Rivoal, Finistère.

Saviez-vous que le pommier a une histoire ? Il naît à l'âge du bronze dans les confins du Moyen-Orient, quelque part entre le nord de l'Iran et l'Anatolie. En France, ce sont les moines qui assurent la sélection et la diffusion des variétés de base en relisant les auteurs grecs et latins. Longtemps, la boisson que l'on fabrique à base de pommes ne fut qu'une macération de fruits écrasés dans de l'eau, et nul ne s'étonnera qu'elle nous soit connue par la vie de saints bretons qui ne manquaient pas une occasion de se mortifier. Les secrets de la fabrication du cidre ne viendront qu'au cours du Moyen Âge du nord de l'Espagne. Les Normands en assureront l'essor alors que la Bretagne n'y viendra que très lentement. Il semble même que le pays léonard refusera de succomber à cette mode ne visant qu'un plaisir peu chrétien.

Saviez-vous que c'est au cœur de l'hiver qu'il faut mettre votre cidre en bouteille ? Attendez que le vent soit bien accroché au nord-est et dégage le ciel pour plusieurs jours. L'idéal est de

Le verger d'Yvon Heurtel à Plessé, Loire-Atlantique.

bénéficier aussi d'une lune descendante. Vous aurez ainsi toutes les chances de disposer d'une boisson claire et qui ne fait pas sauter les bouchons. La barrique qui a craché toutes ses écumes et gardé au fond de sa panse toutes ses lies gélatineuses n'attend plus que votre bon vouloir. Si celui-ci est d'avoir du cidre doux, vous ne différerez pas le travail. Si votre préférence va aux cidres secs, voire très secs, vous laisserez passer entre un et deux mois. Quand vous boirez votre premier verre, vous vous souviendrez alors de l'année écoulée, de la surprise des premiers bourgeons qui éclatent un beau matin, de la floraison saluée par toutes les abeilles, de l'incertitude des premiers fruits, de l'incomparable lumière qui caresse les pommes à la fin de l'été et de la grande explosion des odeurs dans le pressoir.

Saviez-vous que les pommes rendent heureux ? Le poète Jules Supervielle résumait ainsi les bonheurs de l'enfance et de la vie :

> C'est beau (…) d'avoir vu ses mains
> se poser sur le monde
> comme sur une pomme
> dans un petit jardin.

Pressage des poires
par Yvon Heurtel et son fils.

Blé noir.

CI-DESSOUS. Plus petite que les autres, la graine de blé noir breton mériterait une aire géographique de production pour la farine de blé noir de Bretagne.

À DROITE. Fleur de blé noir.

On l'appelle « blé noir » mais, paradoxalement, il peut vous repeindre les champs en blanc avec la même vigueur que le lin s'ingénie à les peindre en bleu. Graines noires en mai, blanc des fleurs en grappes fin juillet et, plus la saison s'avance, rouge des tiges. Heureusement, il ne faut pas attendre la récolte et le broyage sous la meule pour calmer notre faim d'une galette saucisse et, pourquoi pas, d'une galette au miel de blé noir pour un dessert entièrement dédié cette plante merveilleuse. N'allez pas imaginer cependant qu'il s'agit de l'unique usage qui puisse en être fait. La farine et les graines sont aujourd'hui au menu de restaurants réputés et accompagnent toutes sortes de plats. Concassées puis grillées, les graines remplacent le riz ou les pommes de terre dans les ragoûts. Dorées dans une casserole puis mises à cuire dans l'eau bouillante, elles donnent la traditionnelle *grechka* russe, la *kacha* étant la version bouillie à base de semoule de blé noir. La bouillie de blé noir (et ses nombreuses variantes) était d'ailleurs une nourriture de base dans l'hémisphère Nord, du Moyen-Orient à la Chine et de l'Europe au Canada. En Bretagne, elle se mange, en principe, après avoir fait un « puits » au centre de son assiettée pour y mettre un gros morceau de beurre salé qui fond et qui permet de tremper sa bouillie ! S'il n'y a pas de pain de sarrasin, c'est que la plante appartient à la même famille que les épinards et n'a rien à voir avec les graminées (orge, blé, seigle) contenant du gluten. Il semble que ce soit en Chine occidentale que le blé noir trouve son origine naturelle et aurait été sélectionné. On a longtemps cru qu'il n'était arrivé chez nous qu'à la fin du Moyen Âge. Mais l'examen des pollens conservés dans les tourbières a montré sa présence en Bretagne dès le Ve siècle avant J.-C., ce qui en dit long sur les extraordinaires échanges commerciaux à l'époque gauloise. Les Turco-mongols, qui l'ont transmise aux Européens à la fin du XIIe siècle, n'auraient donc en fait provoqué qu'une redécouverte cette plante étonnante. Adoptée dans un premier temps par les Hollandais, qui constatèrent sa parfaite adaptation aux marais poldérisés, elle se diffusa dans les contrées aux terres pauvres et humides telles que la Normandie (où on la nomme sarrasin, car sa couleur sombre renvoie à l'image des Arabes) et en Bretagne, où elle devient le blé noir, *gwinigh du* ou *ed du*. On trouve son pollen fossilisé dès le XVe siècle et une première mention apparaît en 1502. C'est d'ailleurs, semble-t-il, le destin de cette plante que d'être « redécouverte » de loin en loin. La relance de la culture du blé noir en Bretagne, la constitution d'une véritable filière associant agriculteurs, meuniers, distributeurs, commerçants et crêperies est une belle aventure qui n'a commencé qu'en 1988, chez Albert Rolland, un agriculteur installé à Langonnet, dans le Morbihan. Elle ne devrait pas s'arrêter puisque la Bretagne ne produit que 2 000 tonnes sur les 10 000 qu'elle consomme !

Soleil électrique
à Vezin-le-Coquet,
Île-et-Vilaine.

Brouillard.

Connaissez-vous le brouillard ? Les experts vous diront que le brouillard est la suspension dans l'atmosphère de très petites gouttelettes d'eau en quantités telles que la visibilité se réduit. C'est en fait un nuage dont la base touche la terre. Pour qu'il se forme, il faut une forte humidité, un refroidissement assurant la condensation de la vapeur d'eau et juste assez de vent pour ne pas le disperser tout en maintenant les gouttelettes en suspension. En Bretagne, on observe au large des côtes un brouillard qui naît lorsqu'une masse d'air chaud et humide vient se refroidir à la surface de la mer. Ce n'est pas le même que celui de la côte, où, à l'inverse, c'est une masse d'air froid – souvent une brise de terre – qui vient au contact de l'eau tiède de l'Océan. Reste le brouillard qui se forme dans les terres, en fin de nuit, par le contact de l'air humide et de la terre refroidie.

Connaissez-vous mieux le brouillard ? Admettons que cette vision purement météorologique ramène nos rêveries à peu de choses. Les premières brumes d'octobre ne sont-elles pas là, au fond, pour nous faire entrer doucement dans l'hiver, dans le repli nécessaire ?

Mais que sont devenus les brouillards d'antan ? Il faut bien revenir aux experts, qui démontrent qu'il y a deux fois moins de jours de brouillard en moyenne en Europe qu'il y a trente ans. Le phénomène s'expliquerait par la diminution des particules fines dues aux pollutions industrielles et par l'importance de plus en plus grande des surfaces artificialisées (un département tous les dix ans !). Pire, une réaction en chaîne se produirait, puisque ce recul favoriserait l'ensoleillement

et donc l'augmentation des températures, ce qui contribuerait alors un peu plus à la raréfaction du brouillard. Le phénomène serait à nouveau amplifié… Ainsi donc, les gaz à effet de serre ne seraient pas les seules sources du réchauffement climatique !
La Bretagne échappe-t-elle à cette étonnante réalité ? Guère plus que les autres, même si les pollutions industrielles n'y ont pas eu la même incidence. Ainsi, aux portes de Brocéliande, il manque pratiquement une semaine de brouillard pour les vingt années qui viennent de s'écouler. Quant à Rostrenen, capitale du brouillard et où celui-ci se montrait un jour sur trois, son quota se rapproche inexorablement de la barre symbolique des cent jours annuels.

L'estuaire du Dourduff s'ouvre sur la baie de Morlaix, Finistère.

« *Ar vrumenn o sevel,*
ar glav ' zeuio war he lerc'h. »
« La brume se lève, la pluie suivra. » à Brasparts dans le Finistère.

Entendez-vous l'inquiétude des bardes ? De même qu'il se murmure que les ondes des téléphones portables ont fait fuir les derniers fantômes écossais, il se pourrait bien que les derniers druides d'Armorique aient tiré leur révérence au vu des statistiques de Météo-France. À quoi bon hanter landes et forêts si on ne peut plus exercer ses pouvoirs dans des conditions normales ? Les druides commandaient au brouillard, certes, mais ils ne le fabriquaient pas, et ils ne peuvent donc plus désormais en mobiliser des quantités suffisantes pour se cacher ou paralyser leurs ennemis comme aux temps héroïques. En reste-t-il même assez pour qu'ils sortent le célèbre couteau dont saint Lunaire usa pour aborder les côtes bretonnes en coupant dans la brume épaisse qui faisait obstacle ? Bien des siècles après, les marins en gardaient encore le souvenir dans une formule magique :

> Brume, disparais de sur la mer
> Ou tu seras coupée par la moitié
> Avec un sabre d'acier.

Les monts d'Arrée font toujours de la résistance : -5°C au sommet du Mont Saint-Michel de Saint-Rivoal, Finistère.

Faire son bois.

Qui n'a pas fait son bois ne sait pas ce que sont le bois, le feu et l'hiver. Faire son bois est un labeur collectif. Chacun y trouve sa place : les méticuleux, les besogneux, les bourreaux de travail, les enfants, les mécaniciens, les naturalistes, les vieux, les handicapés et même les intellectuels. C'est une affaire de décision : à chaque instant, il faut choisir, classer, évaluer, trancher, couper, ranger. C'est une affaire de maîtrise : outils, transport, accès, usages, coup d'œil, rangement, bouteilles, chaînes aiguisées, moteurs huilés, bidons. C'est un travail propre : déronçage, coupes franches, rondins en façades impeccables, chantiers où la pluie n'a plus à effacer que les copeaux. Faire son bois, c'est d'abord faire celui des autres : on ne loue pas sa force de travail, on l'échange.

« Ragosses » à Saint-Jouan-de-l'Isle, Côtes-d'Armor.
Un paysage façonné à la serpe.

Raymond Lhermelin lie
un fagot de noisetier à Landéan,
Île-et-Vilaine.

Qui fait vraiment son bois fait des fagots. La serpe qui prolonge la main coupe, écarte, ramasse, fend. Toutes les branches indignes de faire des rondins sont alignées et empilées dans le même sens au fur et à mesure du chantier. Un vrai fagot n'est lié ni avec du fil de fer ni avec de la ficelle mais avec une tige de bois soigneusement choisie et assouplie avec dextérité. Le plus gros bout est tenu au sol, sous le pied, la main gauche retient le milieu et la main droite réalise des torsions dans un rapide mouvement circulaire. Il faut jouer autant sur la raideur que sur la plasticité du bois pour former une boucle. S'il est traité avec douceur, il va s'étirer sans rompre, vriller sans retour, se coincer sans glisser, serrer sans se casser.

Le lien est posé par terre et va recevoir les petites branches. Pas n'importe comment. La première doit former une grande fourche à deux ou trois dents afin de constituer une sorte de berceau, une autre, posée en dernier, fera couvercle. Dans l'idéal, on place le pied gauche à côté du lien, sous le fagot. Du bout de la serpe, on va chercher les branches que l'on évalue d'un coup d'œil avant de les égaliser et de les poser. On garde une branche plus forte et plus droite que les autres qui constituera la colonne vertébrale du fagot. De temps à autre, on veille, en le tapant du plat de la serpe, à ce que le « pied » du fagot, situé à droite, soit bien plat. Il faut un mélange de tailles harmonieux pour que le fagot fasse un bon feu de cuisine, à la flamme claire mais tenant la durée. Quand le tas de branches arrive à hauteur du genou, on le presse doucement sous le pied droit tout en relevant déjà le lien. On enfourche alors le fagot et on passe l'extrémité du lien dans la boucle. On tasse, on serre, on aplatit, on frappe, et enfin, quand il n'y a plus le moindre espace à gagner, on vrille le bout du lien et on le coince dans le fagot.

Qu'est-ce qu'un beau fagot ? C'est un fagot rigoureusement semblable à ses quatre voisins, car les fagots vont d'abord par cinq, puis par dix, vingt, cent. Cent fagot, c'est le travail quotidien d'un bon fagoteur. Et plusieurs cents de fagots peuvent former un tas semblable à une maison. On a vu des hommes pris de boisson passant la nuit à tourner autour pour essayer de trouver la porte.

Coupe à blanc dans les monts d'Arrée, Finistère.

À GAUCHE. Chêne sacré à La Guerche-de-Bretagne, Île-et-Vilaine.

À DROITE. If sacré dans l'enclos paroissial de Kergrist-Moelou, Morbihan.

Huîtres plates.
Toute une histoire.

Ostréiculteurs.

Noël. Nouvel An. Jour de fête. La bourriche d'huîtres est là, dans un coin de la cuisine. Admirablement éduquées par les professionnels qui les ont élevées, les huîtres restent silencieuses, hermétiquement closes pour que, dans quelques heures, vous y trouviez à sentir, à boire et à manger. Mais ces quelques douzaines de cailloux biscornus ont une longue histoire et ont causé bien des peines à ceux qui s'acharnent à faire métier d'ostréiculteurs.

Au XVIIe siècle, d'immenses bancs d'huîtres sauvages prospéraient sur les côtes bretonnes et s'offraient généreusement à la drague des pêcheurs. Mais, dès 1787, sentant venir la raréfaction, l'administration suscita un édit royal interdisant la pêche et la vente du 1er avril au 15 octobre. Fort respectueux des lois, les Français en ont gardé l'idée qu'il ne faut pas manger d'huîtres pendant les mois sans *r* ! On trouve déjà dans l'*Encyclopédie* de Diderot une planche présentant des parcs « à verdir les huîtres ». Pourtant, les tonnages ne firent que baisser au cours du XIXe siècle et la notion « d'épuisement des mers » se développa (déjà !). Des travaux qui s'engagèrent alors naquirent l'écologie scientifique, l'aquaculture et l'idée discutable que la science pourrait résoudre tous les problèmes.

À défaut de résoudre les problèmes, les scientifiques peuvent les expliquer. C'est ainsi que dans les années 1870, Karl Möbius, zoologiste et écologue allemand, montra l'influence du chemin de fer sur la surexploitation des bancs de la région de Rochefort, où le train était arrivé en 1854, et à Cancale, où il était arrivé en 1869. La possibilité d'expédier facilement les produits vers Paris avait entraîné une surpêche modifiant les communautés vivantes au profit des moules et des coques et provoquant une situation très difficilement réversible. D'où, pour les contemporains, la nécessité de réaliser la domestication de l'huître !

On domestiqua donc l'huître, mais on apprit vite que, quand on travaille avec le milieu naturel, rien n'est jamais gagné. Les maladies, les parasites et les organismes toxiques qui ont frappé ces mollusques depuis un siècle et demi en sont la preuve. Et que dire quand on joue à déplacer des espèces ? L'invasion peut être fulgurante, puisque les huîtres portugaises déversées accidentellement en 1868 en Gironde ont colonisé la Bretagne quarante ans plus tard. Si encore divers passagers clandestins ne profitaient pas des transferts : avec les huîtres du bout du monde, est arrivé le tiers de quatre-vingt-sept espèces exotiques introduites sur le littoral atlantique.

Les crises traversées au fil des ans ont considérablement modifié le métier d'ostréiculteur. Non seulement il est au cœur des grands conflits de l'époque (usages multiples du littoral, modifications environnementales et climatiques), mais il s'est complexifié au point que chaque site, chaque entreprise suit un chemin différent de celui du voisin.

Aujourd'hui, le captage du naissain (ensemble des larves), les matériels, les méthodes de travail et de vente ont connu une diversification incroyable où coexistent, par exemple, les vieilles tuiles en terre cuite et les écloseries hors-sol, les pontons en bois et les barges géantes en métal. Même l'élevage dans des « poches », ces grands sacs de grillage en matière plastique posés sur des tables métalliques, souffre de notables exceptions avec les parcs en eau profonde. Sans compter que les huîtres voyagent énormément avant d'arriver dans l'assiette du consommateur. Celui-ci croit naïvement qu'elles sont nées dans la baie où il les achète, alors qu'âgées de deux ou trois ans elles ont déjà visité l'Espagne ainsi que deux régions françaises et ne sont arrivées là que depuis quelques semaines.

Comme les Français s'entêtent à engloutir près de la moitié de la production en une quinzaine de jours, l'ostréiculture reste calée sur un très fort pic saisonnier. À partir de novembre, tous ceux qui n'ont pas peur de rester debout durant des heures dans des hangars ouverts à tous les vents et dans un vacarme permanent trouvent du travail. En trouveront-ils encore demain ? Les ostréiculteurs sont à l'avant-garde sur le front des saisons malades.

À Cancale en Île-et-Vilaine, la tradition ostréicole est séculaire.

ÉTÉ

Sports d'hiver.

Il y a quelque injustice dans l'appropriation des sports d'hiver par les montagnards. La Bretagne aussi a ses stations de sports d'hiver. Un certain nombre d'entre elles sont même totalement vouées à la glisse. À ceci près que, là où d'autres parlent de pistes, il est ici question de spots. À ceci près que, là où d'autres varient les plaisirs à base de snow-board, bobsleigh ou luge, il est question ici de surf, funboard, bodyboard, kitesurf... À ceci près que, là où d'autres réclament dameuses, remonte-pentes et canons à neige, on se contente ici d'un bon vent. À ceci près que, là où d'autres se cassent les jambes, on ne prend ici qu'un bouillon. Nos Chamonix s'appellent La Torche en baie d'Audierne, La Palud à Crozon, Kerhilio en Erdeven, Sainte-Barbe en Plouhinec, le Fort à Quiberon. Selon la force et la direction du vent, la houle qui se forme et le sport pratiqué, les vrais amateurs savent où trouver leur bonheur. Dès les

années 1970, on pouvait voir les pionniers qui, de septembre à novembre, laissaient en permanence leur planche à voile sur le toit de leur voiture de telle sorte qu'à peine la porte de leur entreprise refermée ils pouvaient, pour peu que la météo annonce l'arrivée d'une dépression, foncer vers le site favorable le plus proche. Au fil des ans, l'amélioration des combinaisons isothermes a permis d'étendre la saison jusqu'à la fin de l'hiver. Les planches ont raccourci, le surf s'est développé, allant jusqu'à s'hybrider avec des cerfs-volants... Grâce à internet, ces sports de solitaires sont devenus des passions collectives, et les appareils photo numériques permettent de témoigner d'exploits qui, il y a quelques années, semblaient réservés à une élite de champions exotiques. « Ne dites pas à mes parents que je vais à La Torche, ils croient que je démonte des ogives nucléaires à l'arsenal de Brest », tel pourrait être aujourd'hui le discours de bien des jeunes Bretons qui vont, planche sous le bras, se faire peur à Crozon ou en baie d'Audierne.

Danse avec les vagues.

Mais point n'est besoin de combinaisons isothermes, de planches et autres accessoires pour profiter des plaisirs de l'eau au cœur de l'hiver. Un simple maillot de bain suffit aux baigneurs de la Saint-Sylvestre qui, de Dinard à Roscoff et de Cap-Coz à Saint-Gildas-de-Rhuys, se jettent toujours plus nombreux chaque année dans les vagues. La température de l'eau varie entre 7 °C et 10 °C, mais elle paraît toujours plus chaude que celle de l'air, bien brassé, au même moment. On crie, on rit, on chante, on agite des parapluies, on met des masques, des perruques et on ne se moque même pas de ceux qui arborent, finalement, une combinaison renforcée. Voilà un vrai sport de l'extrême, un vrai défi, un condensé de sensations fortes que les meilleures stations de montagne ne pourront jamais offrir quand la neige ne sera plus jamais au rendez-vous. À moins que la mer ne monte beaucoup…

Enfin, même dans le domaine du ski, la Bretagne ne déclare pas forfait. Je ne veux pas parler du ski nautique, ce sport de m'as-tu-vu qui semble fort heureusement en voie de disparition. Il se trouve que, forts de leur col de première catégorie, les monts d'Arrée accueillent des skieurs à la

Le bain du 1er janvier est désormais une attraction répandue sur tout le littoral breton, ici à Roscoff, Finistère.

La pratique des bains de mer se diversifie, qui aurait imaginé le succès des bains d'hiver ?

moindre chute de neige. Certes, le hors-piste s'impose, le slalomeur doit tenir compte des talus, l'enneigement est aléatoire, il faut remonter la montagne Saint-Michel à pied, mais il n'y a pas à craindre d'avalanches, de tarifs prohibitifs, et, après l'effort, la galette complète vaut bien la fondue savoyarde.

Illuminations publiques.

Ce sont probablement les illuminations du passage à l'an 2000 qui ont donné le signal, mais il resterait à enquêter pour savoir comment l'offre et la demande se sont rencontrées pour inventer un rituel qui élargit au voisinage la décoration du sapin de Noël familial. En deux ou trois ans, des kilomètres de guirlandes ont été déroulées sur les façades et dans les jardins avec souvent, en prime, des personnages de saison animés. Soudain, Noël n'était plus circonscrit à la salle à manger et au centre-ville, mais il s'étendait aux périphéries urbaines et même à la pleine campagne. Un peu comme si, soudain, les lotissements revendiquaient un droit aux illuminations et prenaient l'initiative.

DOUBLE PAGE SUIVANTE.
Depuis quelques années, François-René Daniélou fait de la décoration de sa maison de Trégondern à Saint-Pol-de-Léon dans le Finistère, une animation au profit d'associations.

Bloavezh Mad

Noël

Pour comprendre ce bouleversement, il faut mesurer combien la relation des Bretons à l'hiver a pu évoluer en quelques années. Il régnait autrefois un mélange de fatalisme et d'entêtement qui, à défaut de protéger vraiment du froid, de l'obscurité ou de la dépression nord-atlantique, mettait à l'abri de la dépression mentale. Cette résistance a de profondes racines, comme le souligne le témoignage de Thomas Price, un Gallois qui a visité la Bretagne en 1829 : « Vu le caractère incessant de la pluie, il n'est pas surprenant que les autochtones aient fini par acquérir une sorte d'indifférence aux effets de l'humidité (...). Et c'est merveille de voir quel degré d'endurance ces hommes ont atteint, car on les voit, trempés jusqu'à la moelle, marcher des heures durant sous la pluie battante, et ce de propos délibéré. Au vrai, on les dirait amphibies. » (*A Tour Through Brittany made in the year 1829*, publié en 1854 à Londres).

Force est de constater que le pacte avec les éléments a été rompu et que la colère gronde contre ce qui apparaît désormais comme une indiscutable trahison. Dans une vie désenchantée où les contraintes s'ajoutent aux obligations, l'hiver exagère. La pluie et la nuit tombent trop. Trop dru, trop tôt, trop longtemps... On dort de moins en moins et la nuit nous ennuie. « Que la lumière soit ! » devient donc le cri de ralliement des villes et des campagnes.

Brest, l'une des villes les plus « lumineuses » de France.

Les guirlandes chinoises à prix cassés sont arrivées à point nommé. Comme les réverbères à gaz parisiens à partir de 1837, dont on a trop souligné le rôle sécuritaire en oubliant combien ils avaient élargi l'espace de la fête nocturne. Dans sa permanente volonté d'excellence, le Breton se lance à corps perdu dans la guerre aux « mois noirs ». Privé de ses talus et de ses prairies irriguées où pouvaient se lire ses qualités de travailleur infatigable et méticuleux, il avait reporté tous ses soins sur sa haie, sa pelouse et ses fleurs. Mais que faire en hiver ? Faisant fi des recommandations les plus pressantes en matière d'économies d'énergie, nombre de Bretons se sont engagés dans la décoration ampoulée de leurs jardins, au point que, rapidement, l'émulation aidant, certaines municipalités et la gendarmerie ont dû prévoir des mesures de sécurité devant l'essor de ce véritable tourisme de la guirlande. Au concours des maisons fleuries de l'été, s'est ajouté celui des maisons illuminées.

On n'ose penser au bilan énergétique de ces contributions populaires et spontanées aux fêtes de Noël. À l'heure où de plus en plus de municipalités tentent de réduire la facture des éclairages publics, on peut s'interroger sur l'avenir de l'illumination individuelle. Est-ce la forme moderne du potlatch, ce comportement culturel de l'univers amérindien et pacifique, fondé sur le don ostentatoire, quitte à ce que celui-ci mène à la ruine, par le jeu de la surenchère des contre-dons. On pourrait donc lire dans les rennes, les traîneaux, les étoiles, les moulins et les sapins lumineux autant une volonté de s'aveugler quelques semaines sur les dures réalités de la crise énergétique que la revendication d'un monde échappant au règne de l'échange marchand comme à celui de la nuit et de l'hiver.

Carnavals.

Certains auteurs ont pu parler d'une véritable religion perdue tournant autour du carnaval et de ses rituels. Il faut croire que la divinité honorée était particulièrement puissante, car, si l'on cherche aujourd'hui vainement des adeptes des panthéons grec, romain ou germanique, force est de constater que la religion qui a mis le carnaval au cœur de ses cérémonies fait plus que survivre au fil des millénaires. Sans doute trois raisons principales à cette survivance : d'une part, le passage de l'hiver au printemps reste un moment capital du calendrier autant biologique que saisonnier pour chacun d'entre nous ; d'autre part, le besoin d'abolir périodiquement les contraintes et de renverser l'ordre établi reste une nécessité sociale et individuelle très puissante ; enfin, et c'est d'une rare subtilité, le carnaval étant une fête mobile, il a pu s'adapter sans peine à toutes les initiatives locales.

En 2009, à Douarnenez, Den Paolig était une femme.

À GAUCHE. Un carnaval réussi se doit d'avoir une unité thématique : en 2009, l'Île-Grande a privilégié les bêtes à plumes.

À DROITE. Pascal Le Merrer prépare son costume de poulet fermier.

La Bretagne ne fait pas exception à la règle, et on trouve bien des attestations au XIXe siècle de cortèges costumés et de noces parodiques s'achevant par la mise à feu ou la noyade d'un mannequin aux noms variés : Bouloum Malardé, Den Paolig, Sant-ar-lard, Plouz, Sant-Morlarjez… L'organisation s'appuyait sur les garçons célibataires, les conscrits, dès lors que la sélection pour l'armée devint un rite de passage. Mais le carnaval proprement dit, avec ses déguisements et ses défilés, fut toujours plus un phénomène urbain que rural. Toujours mourant et toujours renaissant, il dépend, bien sûr, des forces vives, qui, dès le mois de novembre au moins, s'engagent dans des préparatifs plus ou moins complexes, avec ou sans la bénédiction des autorités politiques et touristiques locales. Une liste qui se voudrait exhaustive des villes offrant un carnaval au moment où ce livre s'écrit aurait de fortes chances de devoir être corrigée dès l'année suivante. Ainsi, après des années fastes, le carnaval de Lannion a vécu, tandis que, discrètement, celui de l'île Grande se préparait depuis quelques années à prendre le relais ; le carnaval de Brest semble bien avoir, jusqu'à nouvel ordre, jeté ses derniers feux, et qui pourrait dire si ceux de Landerneau, Saint-Pol-de-Léon, Vannes ou Mordelles ont vécu, vivent ou vivront ? Des Rennais affirment de leur côté, pétition sur internet à l'appui, qu'ils veulent « remettre la France au carnaval ». Mais il est des indéracinables qui s'appuient sur une organisation éprouvée ainsi que sur une fréquentation telle que les soutiens ne manquent pas. Le plus important (c'est même le second de France), le carnaval de Nantes, rassemble jusqu'à une centaine de grosses têtes et autant de grands chars. Officiellement refondé en 1947 et malgré une certaine évolution et quelques ruptures lors des périodes de guerre, il est sans doute celui qui peut faire état de la plus longue tradition. Citons également le carnaval des Gais Lurons, qui anime Vitré depuis 1953 le dimanche des Rameaux, la cavalcade de Scaër, fondée en 1923 et animée par deux mille bénévoles le dimanche de la Pentecôte, et, enfin, l'inimitable Douarnenez.

On suit à la trace le carnaval de Douarnenez depuis le début du XIXe siècle. Et si le déroulement du samedi au mardi, les parcours en ville, la fameuse course des bars, l'embrasement final sur le port de Den-Paolig, sont des passages obligés, chaque année, tout n'en est pas moins à réinventer : le thème, les costumes, les chansons, les accessoires. Et surtout, la grande différence avec la majorité des cavalcades et autres mardis gras, c'est qu'ici, même s'il y a du public, la participation prime.

Le petit carnaval de l'Île-Grande est ambitieux jusque dans l'excès sans lequel aucun carnaval n'est digne de ce nom.

PRINTEMPS

PAGE PRÉCÉDENTE. Hervé Ronné ne pouvait manquer le pardon de Lanhouarneau, Finistère, patrie de son saint patron aveugle.

CI-DESSUS. Le grand corbeau n'est plus présent que dans quelques falaises littorales mais il s'est installé dans les grandes carrières de la Bretagne intérieure.

CI-DESSOUS. Seules quelques dizaines de courlis cendrés nichent dans les landes des monts d'Arrée.

Pressés et patients.

Une hirondelle ne fait pas le printemps. Mais qui, alors ? Le grand corbeau, qui peut se lancer dans la construction d'un nid dès février pour y voir naître ses petits à la fin du mois de mars ? L'épervier, qui attend patiemment début mai pour s'installer et obtenir ainsi la majorité des éclosions dans la seconde décade de juin ? Et encore, au sein d'une même espèce, on peut noter d'importantes variations – élément clef de son adaptation aux aléas météorologiques et donc de sa survie. Il arrive que, à quelques kilomètres de distance, un couple de grands corbeaux commence l'élevage de ses poussins alors qu'un autre termine la construction de son nid, soit un décalage de près d'un mois. Charognard plus que prédateur, le grand corbeau est précoce pour profiter autant des dernières victimes de l'hiver que des fragiles nouveau-nés du printemps… Quant à l'épervier, il attend sagement que tous les petits oiseaux soient devenus assez abondants pour ne pas lui poser de problèmes de ravitaillement. Il en va de même pour la bondrée apivore, rapace secret qui revient d'Afrique et s'abrite début mai au cœur des forêts, disposant ainsi en juin et juillet d'un maximum de nids de frelons pour alimenter ses portées et repartir aussi vite qu'il était arrivé, avant que ses proies ne disparaissent totalement.

En fait, ce ne sont pas les marqueurs du printemps qui font défaut, mais bien le large choix qui nous reste pour privilégier l'un ou l'autre. À chacun son printemps et à chaque printemps sa date !

Non seulement la météorologie peut avancer ou retarder de plusieurs jours les dates habituelles de l'arrivée du coucou, du martinet ou du courlis, mais, on le sait, désormais, les dates de ponte avancent pour de nombreuses espèces d'oiseaux. Les études menées en Europe donnent un rythme d'un jour de décalage tous les cinq ans en moyenne depuis trente ans. Sans compter que des oiseaux s'entêtent à ne rien modifier de leurs habitudes. Serait-ce le cas des coucous qui reviennent dans les monts d'Arrée ? Il se trouve qu'on dispose d'observations réalisées à Poullaouen entre 1781 et 1798, montrant que le premier chant avait été entendu entre le 31 mars et le 20 avril, dates sensiblement identiques à celles constatées au cours des vingt dernières années. Ni pressé ni patient… seulement dans les temps.

La bondrée apivore est un rapace discret et donc méconnu.

« Ne deo ket ur skandillig a ra an hañv,
Nag ur barr-avel ar goañv. »
L'été ne se fait d'une seule hirondelle,
Pas plus que d'un coup de vent l'hiver.

Dunes sonores.

On associe volontiers la Bretagne à l'image de grands espaces naturels préservés. C'est lui faire trop d'honneur. En fait d'espaces terrestres vraiment naturels, si l'on met un peu de rigueur dans les définitions, il faut reconnaître que seules les falaises, les dunes et les tourbières méritent cette qualification. Tout le reste, oui, tout le reste, est, de près ou de loin, né des interventions humaines. Si on l'admet volontiers pour les champs et les prairies, on imagine moins que toutes les landes, hormis celles de l'immédiate zone littorale, et toutes les forêts sont façonnées par les usages humains depuis des centaines d'années. Même de nombreuses tourbières doivent leur flore la plus intéressante aux perturbations apportées par l'exploitation traditionnelle de la tourbe.

La dune, l'un des espaces naturels le plus fréquenté, en est aussi l'un des plus dignes représentants. Filles blondes des grands espaces et du vent, les dunes ont une longue histoire, et si les hommes sont obligés d'en prendre soin aujourd'hui, c'est qu'il s'agit de vieilles dames un peu fragiles. Dans la majorité des cas, leur histoire commence lorsque la mer était bien loin de son niveau actuel et que les premiers reliefs accrochaient le sable poussé par le vent.

Ce n'est pas écrasées sous le soleil d'août mais le soir, au printemps, que les dunes révèlent vraiment leur force vitale. Un extraordinaire bruissement monte peu à peu du sol et sa puissance

Les dunes de Bon-Abri en la baie d'Hillion dans les Côtes-d'Armor, permettent d'entendre le crapaud calamite.

efface même le lointain roulement des vagues. Comme si chaque feuille, chaque fleur poussait un léger soupir en se dépliant dans l'air soudain plus frais, comme si chaque escargot s'étirait avec volupté avant de descendre de la tige en haut de laquelle il s'est réfugié parce que le soleil est bien installé depuis quelques jours. Comme si chaque lapin avait décidé, pendant quelques minutes, de se gratter derrière l'oreille droite. Comme si la huppe, la chevêche, l'alouette, le tarier pâtre, avaient échangé leurs chants contre un simple froissement d'ailes. Comme si même les criquets avaient modifié leur archet pour s'accorder à la grande respiration du monde. Quelques instants encore, et, plus en retrait, là où commencent le marais et la roselière, d'autres sons ferment le crépuscule et ouvrent la nuit. Les poules d'eau, les foulques, les grèbes castagneux, semblent alors éternuer ou s'éclaircir la voix avant que les grenouilles vertes, les rainettes et les crapauds déroulent la gamme de leurs appels. Pour peu que l'on ait choisi l'un des étangs magiques où le butor a pris ses quartiers, on entendra bientôt le mugissement profond de cet oiseau dont tout le corps semble vouloir douloureusement se muer en hautbois.

Après l'hiver, ces musiques sauvages n'ont pas leur pareil pour nous réaccorder au monde. Chaque dune a sa note, son tempo, ses sonorités, et peut raconter à l'oreille un peu exercée toute l'histoire du petit peuple qui l'habite, ses fourrés impénétrables, ses pelouses odorantes, ses vieux murets et ses étangs noirs.

DE GAUCHE À DROITE.
La drosera ne supporte que très ponctuellement d'avoir les pieds dans l'eau, de grosses pluies peuvent inonder les petites cuvettes tourbeuses où elle pousse. La belle dame est un papillon migrateur qui peut traverser l'Europe en plusieurs générations. L'obione pousse sur les prés-salés et donne des fleurs jaunâtres.

Fleurs et feuilles.

Il n'y a pas que les oiseaux qui soulignent le décalage de l'arrivée du printemps. En Grande-Bretagne, où l'on observe la nature avec rigueur depuis des siècles, l'aubépine fleurit maintenant quatorze jours plus tôt que pendant la période 1891-1947. Qu'en est-il de l'épine noire ? Nos ancêtres n'avaient-ils pas fondé leur calendrier sur la floraison décalée de ces deux plantes ? « Épine noire, fini l'hiver noir. Épine blanche, finies les gelées blanches. » (*Bleuñv e spern du, echu ar goañv du. Bleuñv e spern gwenn, echu ar goañv gwenn.*) Dans ce dicton, la nature nous incite à la prudence : il y a plusieurs printemps, et chacun s'annonce à sa façon. Il y a, par exemple, un printemps des gourmands.

Le silène maritime est présent aussi bien sur les rochers du littoral que sur les crêtes des sommets de l'intérieur. C'est une plante vivace haute d'une vingtaine de centimètres, aux feuilles lancéolées, ciliées sur les bords. Les fleurs, très blanches, s'épanouissent de mai à août. Bien avant, les feuilles nouvelles révèlent aux langues curieuses un véritable goût de petit pois frais.

L'obione compose une bonne partie de la végétation bordant les vasières. Les feuilles, tendres et agréablement salées, peuvent être introduites entre les deux tranches de pain d'un sandwich pour renouveler le goût de tout ce qu'on peut y ajouter.

Sur les hauts de plage, on trouve le cakile maritime, une plante annuelle avide des nutriments apportés par la laisse de mer. Ses jeunes feuilles dénoncent sa parenté avec les choux et les radis.

C'est à la famille du fenouil que se rattache la criste-marine ou perce-pierre ; elle offre aussi, très tôt

DE GAUCHE À DROITE. « L'été rit, et l'on voit sur le bord de la mer fleurir le chardon bleu des sables. » Victor Hugo, *Paroles sur la dune*. Le silène maritime tire son nom du dieu grec Silène, père adoptif et précepteur de Dionysos, toujours représenté avec un ventre enflé semblable au calice de la plante.

dans l'année, des feuilles charnues au goût anisé si agréable qu'il a fallu en réglementer la récolte. Plus faciles encore à se procurer, les petites feuilles d'ortie fraîches, si elles sont rapidement ébouillantées, séchées et assaisonnées, renouvellent le goût de la salade. On gagnera à y ajouter les fleurs violet pâle de la linaire cymbalaire, qu'on trouve sur les vieux murs, et les fleurs au bleu intense (avec du noir et du blanc au centre) de la bourrache, qui pousse souvent dans les décombres. Mais rien n'interdit de préférer les nuances de la violette.

« Autrefois, tous les enfants qui gardaient les vaches savaient reconnaître les feuilles délicatement découpées et la fine ombelle de la noisette de terre, appelée *janotte* en haute Bretagne et *kraoñ-douar*, *kelloc'h* ou encore *kokolodig* en basse Bretagne. Le conopode dénudé (c'est son nom officiel) est l'une des premières plantes à se développer au printemps sur les talus ombragés, en lisière des bois de feuillus et des prairies. Le petit tubercule arrondi formé par la racine est profondément enterré, mais une fois bien gratté, il offre une des saveurs champêtres les plus agréables qui soient.

Si le bleuet a disparu des champs de la région, on peut encore, çà et là, apercevoir des coquelicots, comme ici à Plougasnou dans le Finistère.

NATURE APPRIVOISÉE

CI-CONTRE, une normande au pré.
À DROITE. Une vache armoricaine de l'élevage de Boris Prouff à la Feuillée, Finistère.

Vaches.

Autrefois, dès que les vaches pouvaient retrouver l'herbe grasse des champs, leur lait se chargeait de crème et de parfums. Le beurre semblait alors fait de tous les boutons d'or qu'elles avaient engloutis. Mais aujourd'hui, les vaches ne mangent plus que du maïs ensilé associé à des tourteaux de soja et des granulés. Les flots de lait qu'elles produisent sont proprement stérilisés, homogénéisés, écrémés. Les vaches elles-mêmes sont améliorées jusqu'à ne plus être que d'énormes outres à peinture blanche titubant sur le ciment des salles de traite informatisées. Merveilleux progrès qui a divisé leur durée de vie par quatre ou cinq, rogné leurs cornes et empoisonné les rivières.

Les ensileuses qui engloutissent le maïs semblent aussi avoir broyé les ultimes vestiges d'un monde révolu et le printemps par-dessus. Mais reconnaissons-leur que ce ne sont pas elles qui ont commencé. La pénétration de l'idéologie de la division du travail dans le monde agricole a entraîné, dès la seconde moitié du XIXe siècle, une dévalorisation des races locales, pratiquement toutes polyvalentes, c'est-à-dire aussi bien aptes à la production de lait et de viande qu'à la traction. Vache nantaise, froment du Léon, armoricaine, bretonne pie noir, voilà quatre races locales qui ont bien failli disparaître à la fin du XXe siècle. Il a fallu tout l'entêtement de quelques passionnés pour rendre possible, en 1976, un plan de sauvegarde de la bretonne pie noir, le premier du genre en France. Plus ou moins vite, avec plus ou moins de réussite, les autres ont suivi. Ce qui ne fait jamais que quelque trois mille têtes au total, à comparer au bon million de vaches laitières présentes dans le même espace de la Bretagne historique !

Les longues conversations des Bretons avec leurs vaches ont laissé des traces. Des dictons, des chants de travail, d'appel ou d'ordre existent encore un peu partout, mais les chiens que s'adjoignent désormais les éleveurs vont définitivement faire disparaître des formules comme « *Quéva ! Quéva !* » ou « *Hait'si ! Houache qué !* ». Les immatriculations auriculaires comme l'augmentation continue de la taille des troupeaux ont déjà presque mis fin à l'emploi de noms propres pour chaque animal. L'automatisation de l'alimentation et de la traite a encore un peu plus éloigné l'homme de son troupeau. Il y a de quoi devenir folle ! En ce sens, les vaches qui

CI-CONTRE. Gildas Kerné laboure ses champs à Plounéour-Ménez, Finistère, avec un attelage de vaches pie noir.

À DROITE, un champ de jacinthes en baie d'Audierne.

appartiennent aux races anciennes font plus que conserver des gènes : il n'y a qu'à visiter les fermes (pas les exploitations) où elles vivent pour se persuader qu'avec elles le dialogue n'est pas interrompu. Et ceux qui retrouvent l'usage du joug et l'intérêt du travail de la terre avec un attelage ont autant soif de retrouver des gestes que d'en inventer de nouveaux.

Aujourd'hui, la génération qui a opéré le sursaut salvateur il y a plus de trente ans commence à partir en retraite. Arrivent leurs enfants et des enfants d'ailleurs qui s'emparent du rêve et veulent le porter plus loin. Ce que leurs parents prédisaient est advenu : la fin du pétrole est là ; le soja brésilien transgénique, gavé de pesticides, ravageur de forêts et de cultures vivrières, a fait son temps ; la course folle où, chaque année, moins d'agriculteurs doivent produire plus avec plus d'énergie dévoile son absurdité. La nouvelle génération d'éleveurs croit aussi au printemps.

Bateau sculpté sur l'église de Penmarch, Finistère, souvenir d'un temps où le port de ce bourg était l'un des plus importants du commerce breton.

Petite Hollande.

En 1909, le géographe Onésime Reclus qualifiait la baie d'Audierne « d'étendue stérile », alors que, déjà à cette époque, c'était une mosaïque originale et vivante. Sur le thème sable et eau, elle offre toutes les variations possibles : de la vieille roselière aux prairies naturelles, de la prairie spongieuse au printemps à la dune surchauffée en été, de la vieille sablière inondée à l'eau libre de l'étang, avec, parfois, une pincée de sel pour améliorer l'ordinaire.

Beaucoup de nos contemporains continueraient à partager l'idée de Reclus si, depuis plus de trente ans, une partie de la baie n'avait sacrifié à la passion des tulipes et instauré un moderne pèlerinage printanier…

Sous les tulipes, la plage…

Ce n'est pas la première fois que les tulipes font faire des folies aux hommes. Au XVIIe siècle, les bulbes de tulipes provoquèrent une belle crise boursière en Hollande. Une véritable « tulipomania » galopante ainsi que la rareté des bulbes entraînèrent une spéculation exceptionnelle. Les bulbes étaient achetés pour des sommes faramineuses avant même d'avoir pu être récoltés, et le volume des échanges dépassa bien vite le volume des plantes disponibles. Comme dans des affaires plus contemporaines, la bulle des bulbes éclata en 1637, et les faillites furent retentissantes.

Les premières tulipes sont apparues du côté de la pointe de La Torche dès 1965. Les températures minimales de janvier de la baie d'Audierne sont parmi les plus douces de Bretagne, ce qui permet d'offrir des « bulbes primeur » sur le marché des Pays-Bas. Sous l'impulsion de deux Hollandais et d'un Angevin, la surface cultivée n'a cessé d'augmenter pour passer de 155 hectares en 1985 à près de 500 hectares aujourd'hui. La production de la baie d'Audierne dépasse un million et demi de bulbes de fleurs !

Au mois d'avril, c'est une débauche de jaune et de rouge en larges bandes et un défilé continu de pèlerins venus s'incliner devant les sculptures, les drapeaux, les mosaïques de narcisses, jacinthes, tulipes et iris. Un petit train permet de circuler dans les cultures et d'entrer dans un monde comme repeint à neuf. Immense défi aux créateurs de land art et autres adeptes du monochrome, les tulipes s'étalent avec l'impudeur des conquérants. Non, ce n'est pas la Hollande de Vermeer, mais plutôt celle des publicités fromagères qui s'empare alors de ce qui fut des pelouses dunaires. Tant qu'à trafiquer avec la Hollande, on aurait préféré voir plus de blanches spatules faire escale sur les points d'eau. Mais l'eau qui s'échappe des tapis colorés s'est gorgée de tous les produits déversés pour assurer santé et croissance aux fleurs. Il est vrai que les bulbes ne se mangent pas. D'où des densités de passereaux huit fois supérieures dans les parties de la baie qui ont gardé leur végétation et leurs cultures d'origine… On comprend que le pipit farlouse et l'alouette des champs voient rouge dès qu'ils survolent La Torche.

Douces eaux.

C'est autour du 1er Mai que les martinets arrivent en Bretagne. Nul ne peut ignorer leur bruyant tour du propriétaire. Par contre, c'est dans un très léger clapotis que, au même moment, les tapis de renoncules se brodent de fleurs blanches sur les rivières. Certains jours, les aigrettes tombées des saules viennent en masse s'y accrocher. Dans les semaines qui suivent, le film semble parfois repartir en marche arrière quand, soudain, montent de la rivière les mouches de mai et autres éphémères, incroyables petites danseuses de tulle sans épaisseur. Il y a à la fois une grande agitation et une sérénité sans fêlures. Rien dans ce grand désordre qui semble précisément calculé, rien de ce qui surgit qui ne semble y mettre autant d'énergie que de douceur.

Ce n'est pas le pêcheur à la mouche qui me contredira. Sa longue fréquentation des eaux douces a forgé une connaissance sans pareille – la seule qui soit, parce qu'elle allie mille savoirs appris dans les livres, les récits de plus vieux que lui et l'expérience sensible des lieux, des couleurs, des sensations, des reflets et des remous. Comment ne pas être fasciné par cette incroyable capacité à savoir ce qui se passe de l'autre côté du miroir de l'eau ? Il suffit de quelques mouches velues, d'une chenille verte suspendue à un fil, pour qu'il sache tout de ce qui se joue au fond de la rivière. Paisiblement, le pêcheur avance, scrute, traduit, s'imprègne et tisse à nouveau la trame du pacte qui lie l'homme au monde.

La pêche à la mouche est un art soyeux. Ce n'est pas la pêche au coup, c'est la pêche à la caresse. Tout en puissance contenue, le pêcheur va déployer son fil de soie pour déposer exactement où il faut l'exact rêve de mouche qu'attend la truite. Comme tout vrai scientifique, il sait qu'il peut se tromper et il n'est pas rare qu'il se réjouisse de ses échecs. Rien de plus pédagogique que la leçon reçue d'une truite.

Quand l'air tiède du soir s'emplit de fines pépites lancées à la volée, quand les parfums montent à la tête des fleurs dans les prés, les arbres et l'eau, quand les larmes montent aux yeux devant trop de beauté accumulée, alors, pendant quelques instants, le pêcheur tient le monde dans l'ondulation de son fil de soie.

Serge Nicolas, président de l'association bretonne pour la pêche à la mouche, en action sur le Scorff, Morbihan.

QUOTIDIEN

Hervé Goeffic pêche la telline sur la plage de Kervel en baie de Douarnenez, Finistère.

Laboureurs de la mer.

Ce matin d'avril, la baie d'Audierne est, comme à son ordinaire, tout en vent, en sable, en vagues et en oiseaux : gravelots qui trottinent à la limite du flot, taches blanches des aigrettes dans le marais, vol chaloupé des busards des roseaux, flèches noires des cormorans, goélands aux ailes creuses qui se laissent porter par les rafales. La mer sera basse d'ici trois heures, et l'eau de l'étang de Trunvel s'écoule doucement dans la brèche qui coupe le cordon dunaire. Soudain, insolite, brutale, déplacée, une grosse Land Rover approche et cherche un passage dans le gué. Ce n'est en fait que l'avant-garde d'une cohorte plus ou moins régulière de 4x4, avec ou sans remorque, qui descend vers le sud, dans une sorte de rallye clandestin et paresseux. Chacun s'engage avec précaution dans l'eau douce, car les sables ont englouti une voiture et son chargement il y a quelques semaines.

D'autres pêcheurs – oui, ce sont des pêcheurs – ont pris position par une autre entrée, plus au sud. Au même moment, les grandes plages de la baie de Douarnenez accueillent aussi leur lot de grosses voitures et de remorques. Les estrans des grandes dunes dans le Morbihan ont vu également se développer la même étonnante activité.

À intervalles réguliers, les pêcheurs prennent position sur l'estran, enfilent une combinaison de plongée et déchargent d'étonnantes poussettes constituées d'une sorte de cage montée sur quatre roues. Mais ici, les roues ne sont pas motrices, et c'est chaque pêcheur qui se harnache pour tirer, les pieds dans l'eau et en marche arrière, sa cribleuse artisanale. On imagine que, quand elle commence à se remplir de sable et de coquillages, l'exercice devient sportif. On imagine mal que cela puisse se pratiquer jusqu'à cinq heures par jour, dans le crachin, la pluie, avec une eau à 8 °C et un vent guère plus chaud. Il faut ajouter à l'exercice deux ou trois heures de tri pour remettre à la mer tout

ce qui est sous la taille réglementaire. Et l'on croise même des femmes dans ces attelages baroques ! La règle varie un peu d'une baie à l'autre (ainsi, la pêche s'arrête en juillet-août en baie de Douarnenez), mais le résultat est sensiblement le même : des sacs de tellines qui partiront vers l'Espagne et l'Italie après une phase de décantation en bassin. Méconnue en Bretagne malgré sa finesse gustative, la telline fait aujourd'hui vivre près de soixante-dix professionnels. C'est un coquillage bivalve aux couleurs allant du rose au jaune orangé en passant par le blanc nacré, qui vit enfoui dans le sable fin et peut atteindre dans nos régions une taille de 4 centimètres.
Certes, leur travail n'est pas vraiment saisonnier, certes, ils sont loin de donner l'image d'une délicate activité traditionnelle, mais, pour peu qu'on les observe dans l'air glacial du petit matin, on ne peut qu'éprouver de l'admiration pour ces véritables laboureurs de la mer.

Ouvriers.

Mille petits faits, mille transformations, mille activités, nous rattachent encore au rythme des saisons. L'omniprésence des paysages et des activités agricoles en fournit le cadre rassurant. Pour ceux qui observent la nature, il y a, du chant du coucou à la chute des feuilles, assez d'horloges globalement fiables pour nous situer dans l'année. Quant aux fêtes, héritées ou imitées, pour la plupart, d'un monde croyant à l'éternel retour, elles marquent avec constance chaque passage, chaque étape de l'année solaire.

Une institution rennaise : l'usine PSA Peugeot Citroën de La Janais.

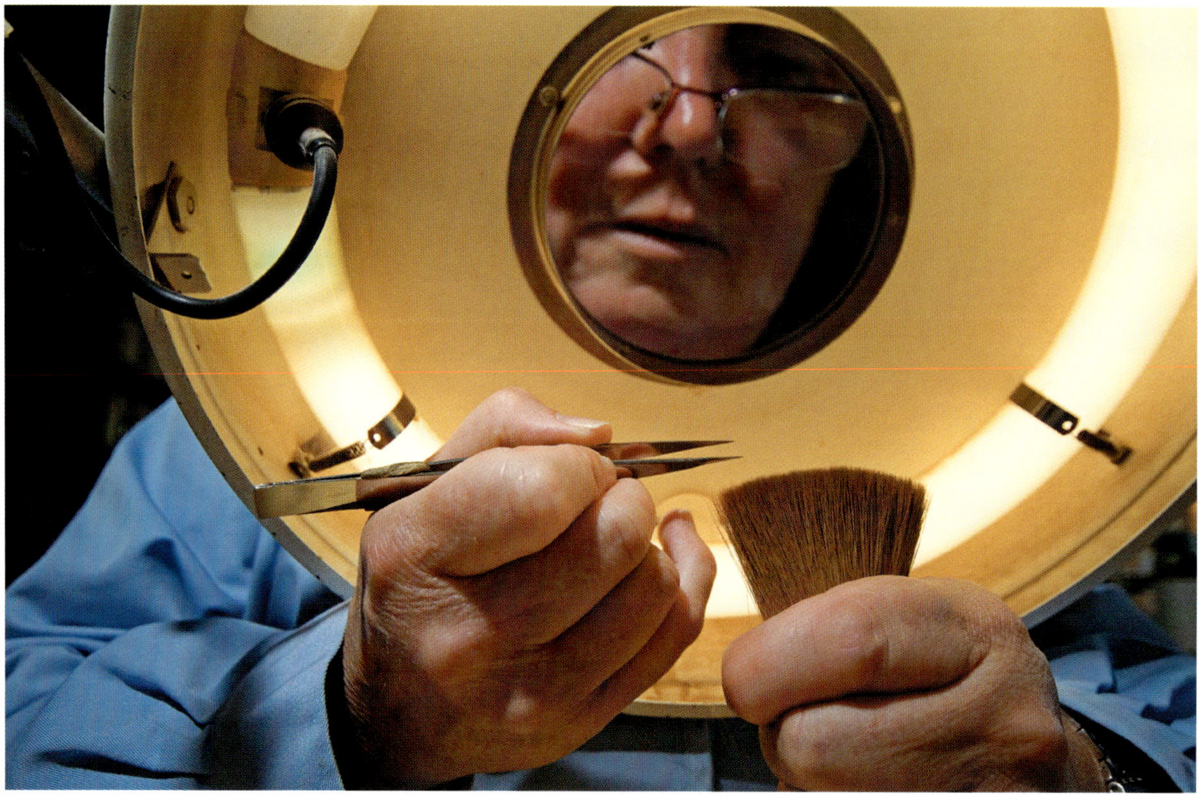

Les pinceaux fabriqués de longue date à Saint-Brieuc, Côtes-d'Armor chez Raphaël (ici) et chez Léonard le sont en majorité par des femmes.

À DROITE. Les cosmonautes de l'agroalimentaire vivent sur une autre planète, ici la conserverie Chikolodenn à Carantec, Finistère.

Il est pourtant jusqu'ici un terrible point aveugle dans ces *Quatre saisons en Bretagne*. Parce qu'ils y travaillent toute l'année et parce que nous n'aimons que les stéréotypes, nous ignorons superbement le monde des ouvriers.

Ils fabriquent, sous nos yeux ou à l'abri de tout regard, des chaudières et des amplificateurs, posent des rivets, édifient des hangars, coulent du béton, peignent, cuisent, étalent du goudron, assemblent des éoliennes, profilent des rails, découpent la viande, emballent, réparent, gardent, assistent, travaillent et travaillent encore.

Il convient donc ici de faire une place à ceux qui, chaque matin et quel que soit le temps, roulent ou marchent vers leurs ateliers et leurs bureaux. S'il n'y a plus de saison, il y a longtemps, pour eux, qu'il n'y a pas de saison. Soit qu'ils y soient totalement soustraits dans des ateliers isolés même de la lumière du jour, soit que, marche ou crève, ils doivent en faire abstraction pour tenir un jour encore. Certes, ils ont des vacances, des RTT, des jours fériés, mais, dès lors qu'ils ne peuvent les prendre parce que « Tiens ce matin, il fait enfin beau », ils sont les relégués des saisons. Raison de plus pour leur laisser ici un espace. Et ce n'est pas un hasard si celui-ci est situé au printemps : assurons-leur qu'ils sont la Bretagne et que les saisons ne nous serons rendues que quand ils pourront, eux aussi, les vivre vraiment.

Les jardins familiaux de la Bintinais à Rennes valent bien des parcs de château.

Jardins familiaux.

Dès le mois de mars, une véritable fièvre verte gagne de nombreux Bretons. Il est grand temps de reprendre la main dans le jardin abandonné aux merles, aux taupes et au vent mauvais. De leur passé agricole, il leur reste au moins ça, et même si la production se résume à des fleurs et du gazon, il n'est pas question pour eux de renoncer à ce dernier petit arpent que leur a laissé le bon Dieu. Mais ce bonheur est aussi leur drame puisque, à force de lotir les champs de leurs ancêtres et d'y ajouter ce qu'il faut de routes, de parkings et de zones commerciales, ils sont en train de grignoter l'espace agricole à raison de 17 hectares chaque jour, soit l'équivalent de cent cinquante exploitations agricoles par an. À ce rythme-là, il faudrait se résigner à vivre dans une vaste banlieue avant la fin du siècle.

C'est pourquoi seul un habitat plus concentré peut offrir une solution d'avenir, tant en termes d'espace que d'économies d'énergie. Ce qui n'interdirait en rien, au contraire, les jardins familiaux, au sens où les cités ouvrières ont su y recourir de longue date. Dotés d'un règlement qui n'interdit pas la fantaisie mais de plus en plus l'usage des produits toxiques, les jardins familiaux sont, on ne le souligne pas assez, un lieu de production particulièrement intensif, puisque la minuscule parcelle et sa cabane allouées à chacun produit non seulement des légumes et des fruits avec un rendement très supérieur à celui des espaces agricoles les plus riches, mais aussi des rencontres, des échanges, des démonstrations, de la détente, bref du bonheur.

C'est pourquoi rien ne fait autant de bien au moral que de se promener, un peu avant l'heure du dîner, un soir de mai, sous les cris des martinets, le long des clôtures de ces terrains où chacun s'active et discute, offre ses premières fraises, relève ses pièges à limaces, gratte sans fin entre ses poireaux, aligne méticuleusement ses perches à haricots, boit l'apéritif, ratisse, bêche, repeint un banc en fonte, tend des ficelles, repique ses plants de laitue, taille les forsythias fanés, fait des boutures, arrose ses radis, redresse ses rosiers trop fleuris, sème des épinards, retourne son compost, referme son tunnel de forçage, bricole sa barrière, paille ses groseilliers, nettoie ses outils, range ses bulbes, met des filets, fabrique un épouvantail, fait un bouquet – le plus merveilleux du monde puisqu'il vient du jardin – et le met sur le haut du panier déjà plein de salades ourlées de persil.

Monsieur Jacomé prépare ses tuteurs à haricots dans les jardins de la Bintinais.

Pardons secrets.

Le pardon est né des indulgences accordées par les papes, à partir du XIVe siècle, pour la fréquentation de certains sanctuaires. En Bretagne, le terme a finalement supplanté tous les autres (dont « assemblée ») pour désigner la fête qui se donne une ou plusieurs fois par an dans et autour d'une chapelle ou d'une église. La participation pouvait être étroitement locale ou beaucoup plus large, la célébration religieuse se doublant d'une fête profane, voire d'une foire. Ablutions à la fontaine, messe(s), procession, repas, jeux, attractions, se conjuguaient dans des proportions très variables.

Il y a les grands pardons, ceux où, depuis cinquante ans, il est pratiquement impossible pour un photographe professionnel de faire un plan large sans avoir presque autant, sinon plus, de photographes amateurs que de porteurs de bannières. Les congés scolaires étant, comme les grandes fêtes de la fécondité héritées du paganisme, calés sur le calendrier agricole, les rassemblements religieux ont rapidement constitué la principale animation touristique gratuite.

CI-DESSUS. La procession du pardon de saint Yves à Tréguier, Côtes d'Armor.

CI-CONTRE. Les coulisses du pardon, ici dans la sacristie de la cathédrale de Tréguier.

FÊTE

Déchristianisation aidant, la foule des curieux qui ignore tout de ce qui se célèbre tend à ramener la plus imposante procession au niveau d'un défilé de majorettes. Malgré la résistance d'un noyau dur de fidèles qui s'entêtent à vivre leur pardon comme si de rien n'était, on est passé en cent ans d'une cérémonie où il n'y avait que des participants à une démonstration où il n'y a plus que des acteurs et des spectateurs.

Restent les pardons « hors saison » qui ne rassemblent que peu de monde, ne s'annoncent que discrètement, évitent les costumes traditionnels et sacrifient autant à leur patron de référence qu'à saint Modeste. C'est, par exemple, chaque 17 juin à Lanhouarneau, le cas du pardon de Saint-Hervé, cet étonnant barde aveugle qui n'en protège pas moins le travail d'Hervé Ronné ! C'est, chaque quatrième dimanche de mai, à Bubry, dans le Morbihan, le pardon de Saint-Yves, préservé du décorum de celui de Tréguier. Ce sont encore, pour rester dans les saints propres à la

Procession champêtre
de la troménie de Locquénolé,
Finistère.

région, les pardons dédiés au grand saint Guénolé. Celui qui se déroule le 1er mai dans les ruines de l'abbaye qu'il fonda à la fin du Ve siècle donne l'étrange image de ce que peut être une tradition survivant à tous les cataclysmes.

Le pardon de Locquénolé, qui a repris en 2008 après avoir disparu une dizaine d'années, perpétue une forme très originale de déambulation : la troménie. Il s'agit d'une procession en boucle délimitant un territoire et héritière, sans doute, de cérémonies bien plus anciennes ; on en connaît neuf en Bretagne dont quatre ont survécu contre temps et athées (Bourbriac, Gouesnou, Landeleau, Locronan). Deux tentent de renaître depuis 2008 (Locquénolé et Plabennec). Il est probable qu'à Locquénolé la « procession des reliques » marque sur les quatre kilomètres de son parcours les limites de l'espace dévolu à saint Guénolé et, partant, celles de la paroisse puis de la commune. Il ne s'agit pas pour autant ici de traverser les moissons comme n'hésite pas à le faire la grande troménie de Locronan, mais le passage par le magnifique chemin creux qui forme la limite sud offre un véritable instant de pure abolition des siècles.

Chaque 1er mai, le pardon de saint Guénolé, son fondateur, est célébré dans les ruines de l'abbaye de Landévennec, Finistère.

PAGE SUIVANTE. La préparation du repas du pardon de saint Yves en Bubry dans le Morbihan.

Fanfares.

On a beaucoup célébré la belle fécondité des musiques traditionnelles bretonnes. Personne n'a été plus ouvert au monde extérieur, plus inventif que ces chanteurs conservant d'une oreille des sonorités, des paroles et des rythmes venus du Moyen Âge et de l'autre, le récit des plus récents événements. Personne de plus curieux des dernières inventions que ces musiciens capables d'intégrer au fil des siècles le violon, la cornemuse, la clarinette, l'accordéon, et d'aller jusqu'à y mêler le jazz et les mélodies irlandaises ou tsiganes. Mais cette belle forêt en cache une autre, mélange improbable de cliques, bandas cubaines, harmonies municipales et orchestres des beaux-arts. Depuis plus d'un siècle, les fanfares ont porté le principe d'une musique festive, déambulatoire et populaire. Depuis près de trente ans, la Bretagne a contribué à leur renouveau. Et même si les regroupements de musiciens sont parfois éphémères, certains ont montré une belle capacité à durer, et leur notoriété a largement dépassé les horizons locaux. Depuis 2004, les fanfares ont même leur fête, printanière, à Brest. C'est l'occasion d'y entendre, au fil des éditions et à côté d'ensembles venus du bout du monde comme de tous les coins de France, les Bretons d'À Bout de Souffle (Douarnenez, fondée en 1982 !), Zingueur's Band (Quimper), Air Groove Tempo (Lannion), Le Grand Machin Chose (Nantes), La Fanfar' ô Pruneaux (Paimpol) – à ne pas confondre avec la Flanfar aux pruneaux (Rochefort) –, Prise de bec (Mordelles), La Fanphar' à Iode (Pléneuf), Sea, sax and drum (Trégueux), Trognos Coulos (Rostrenen), etc.

À GAUCHE ET CI-DESSOUS.
Au cœur du festival des fanfares de Brest, quelques membres de la Fanfare Zébaliz en pleine action.

Rien d'artificiel dans l'implantation de cette fête à Brest, puisque la ville peut aligner à elle seule une bonne demi-douzaine de formations en état de marche : Fanfarnaûm, Y'a du Monde aux Balkans, Téléfanfare, Souffle de Samba, Pas'sage en Fanfares, Pétarade de Brest et Fanfare Zébaliz. C'est cette dernière qui a en pris l'initiative et y déverse son trop-plein d'imagination, d'énergie et de folie.

C'est, très explicitement, à la mémoire de tous les marins du monde et de toute la poésie des phares et balises que la fanfare a choisi son nom de baptême – sans doute aussi en raison de sa longue fréquentation des bars du quai de la Douane qui mène au quai Malbert, où siège l'honorable administration des phares et balises. Malgré la richesse du site internet consacré à la vie et à l'œuvre de la Fanfare Zébaliz, il est impossible de trancher quant au poids relatif de chacun des deux mots qui résument son activité : « Jouer ensemble ».

Jouer est, ici, à prendre dans tous les sens du terme et, pour la majorité des musiciens, il est au moins aussi important que la musique qu'il sous-entend. Il n'y a qu'à voir l'importance des accessoires (chapeaux, lunettes, chaussures, capsules, rubans, pin's, médailles, épingles à linge) ou

Accessoire non recensé de la Fanfare Zébaliz, l'appareil photo cubain de Jacques.

des couleurs (comme tout grand artiste, la fanfare a sa période jaune et orange, sa période rouge et noir, sa période noir et doré) pour comprendre qu'ils ne sont pas ensemble pour travailler. (Et s'ils travaillent, c'est comme des fous.) Dans leurs prestations, le jeu de jambes a d'ailleurs, pour nombre d'entre eux, autant d'importance que la clef des partitions. Mais à l'instant où une règle du jeu quelconque semblerait s'imposer, elle est aussitôt subvertie par autant de dérives individuelles qu'il y a de pupitres. Libres et décalés, les musiciens continuent à jouer !

Le plaisir d'être « ensemble », qui fonde, soude et fait durer la Fanfare Zébaliz, l'a dotée d'un folklore très complexe qui pourrait l'apparenter à une société secrète s'il ne restait hautement communicatif. Pour preuve sa capacité à investir les lieux les plus divers (avec cependant un goût marqué pour les îles, de Ouessant à Cuba) et à s'y faire regretter. Pour preuve aussi sa capacité à s'intégrer à toutes sortes d'événements, du carnaval naval de Brest – qu'elle a fait vivre pendant plusieurs années – à la mise en scène du *Mariage de Figaro* par Jean-Pierre Vincent. Pour preuve définitive son art de se mêler à la foule qui efface le spectateur, transformé en comparse, complice et membre d'une belle fraternité universelle dans un printemps instantané.

Cirques.

Chaque été, les cirques succèdent aux cirques dans un ballet mystérieux qui ne s'éloigne jamais beaucoup des côtes mais dont on peut mesurer l'importance lorsque, à la rentrée, sous les ponts, la mêlée des affiches superposées ravive l'amer sentiment que la fête est finie. Il est loin, le tigre aux yeux écarquillés devant la foule si bien dressée qu'elle applaudissait à chacun de ses bonds.

Pourtant, tous les cirques n'ont pas plié chapiteau et bagages, et il nous est accordé une consolation. Certains, bretons contre toute évidence, restent sur place toute l'année, et leur chapiteau est l'une des plus belles fleurs du printemps breton.

Au musée de Quimper, on peut voir un tableau aux dimensions particulièrement importantes : 1,5 mètre de haut et plus de 4,5 mètres de large. C'est une fresque commandée au peintre quimpérois Lionel Floch par le directeur du garage Renault pour sa salle d'exposition du quai Dupleix. Réalisée vers 1934, elle représente un pardon à Tronoën, au pays bigouden, un thème souvent traité par les artistes. À ceci près que le pardon religieux n'apparaît ici qu'au second plan, l'essentiel de l'œuvre étant centré sur le costume local, un étal de marchande et les artistes d'un petit cirque ambulant. Du haut d'une scène montée sur tréteaux, un clown, des musiciens, un jongleur, un ballerine et un hercule se donnent en spectacle, tandis qu'un vieil homme habillé de rose et de gris traverse l'esplanade en tenant un poney par la bride.

Les saltimbanques d'Apollinaire ne sont pas loin. Aujourd'hui à Tronoën, demain sainte Anne sait où… « Et les enfants s'en vont devant, les autres suivent en rêvant. » Anonymes sans feu ni lieu, les circassiens tirent aussi leur magie de l'art qu'ils mettent à ne pas laisser de traces, à

Le cirque Français, une école du cirque itinérante.

Le cirque, c'est magique !

n'être que cet instant pur d'illusion, de défi aux lois du monde. Les acrobates ne s'exonèrent-ils pas des lois de l'équilibre ? Les hercules ne s'en prennent-ils pas à la pesanteur elle-même et le dompteur n'a-t-il pas découvert le secret de la langue des animaux sauvages ? Qui s'étonnerait qu'ils s'affranchissent aussi parfois des lois de la République ?

Pourtant, si étonnant que cela paraisse, ces enfants du vent appartenaient autant à la terre bretonne que les pèlerins qu'ils émerveillaient, et ce depuis deux générations au moins. Trois générations plus tard, ils sont toujours là, arborant fièrement sur un de leurs camions une reproduction du tableau du musée des beaux-arts de Quimper.

Certes, au gré des mariages et des rencontres, le Cirque français – c'est son nom – a essaimé, intégré, invité bien au-delà des limites de la région. Il a même formé de jeunes acrobates n'appartenant pas à la famille des gens du voyage, donnant ainsi une incroyable leçon d'ouverture d'esprit à une société prompte à les reléguer dans ses marges une fois le spectacle terminé. Plus que beaucoup d'autres d'ailleurs, cela les prédisposait à compenser la désaffection d'un public de plus en plus fasciné par les illusions télévisuelles en proposant une école du cirque.

Pour avoir vu la petite Lisa pleurer à chaudes larmes en sortant d'un spectacle mêlant numéros traditionnels et premières tentatives d'écoliers parce que c'était « trop beau », je reste persuadé qu'ils sont, aujourd'hui encore, la plus belle incarnation du spectacle vivant et qu'il est des pleurs qui consolent.

ÉTÉ

NATURE SAUVAGE

PAGE PRÉCÉDENTE. Il n'y a pas que des choux-fleurs et des artichauts dans le Léon : cueillette des courgettes à Roscoff, Finistère, au GAEC de Pen al Lan.

CI-DESSUS. Landes et falaises de la pointe du Van en Cleden-Cap-Sizun, Finistère.

À DROITE. La Fauconnière, au Cap Fréhel dans les Côtes d'Armor : un mille-feuilles de grès.

Landes et falaises.

Entre la baie de Saint-Brieuc et celle du Mont-Saint-Michel, le cap Fréhel est l'un de ces sites fabuleux qui vous lavent le regard pour longtemps. Mais la beauté appelle un effort. Pour se mettre au diapason de celle du cap Fréhel, rien ne vaut le bon vieux principe du pèlerinage : départ à l'aube, lent cheminement vers le sanctuaire, silence. Toutefois, rien n'interdit de psalmodier une chanson de Fréhel, pourquoi pas celle des *Goélands* ?

Les 400 hectares de landes forment une sorte d'immense placître coloré de mauves et d'ors, selon que la nature fête telle heure du jour. Là-bas, le clocher du phare clignote. Il n'est pas rare, pour ceux qui s'y aventurent au lever du soleil, que la rosée s'allie aux araignées – il y en a quatre-vingt-six espèces différentes – pour poser des perles fines sur les bruyères et les ajoncs.

Tous les chemins mènent aux falaises. L'immense ruine de grès rose s'avance et s'abîme dans la mer. Quelques roches au large semblent témoigner d'anciennes absides. À l'abri de l'extrême pointe, sous le phare, l'îlot de la Fauconnière, invente une réplique sauvage de la tour du fort La Latte que l'on distingue à l'horizon.

Zoom sur les cormorans huppés nicheurs de La Fauconnière.

Sur les longues harmonies du vent et de la mer, la voix des oiseaux, jetés par poignées sur la mer et le ciel ou statues vivantes posées sur les tablettes de la roche, salue le moindre pèlerin qui soudain les découvre. Même si le macareux moine est absent de ce véritable paradis de l'ornithologie, chaque espèce semble figurer quelque ordre religieux accouru à matines. On repérera les silhouettes capelinées de noir et blanc des guillemots. Ceux-ci trouvent à Fréhel leur principal refuge en France. À la mi-avril, ils ont déposé un gros œuf piriforme à même la pierre, et, quatre mois plus tard, les derniers poussins se sont envolés. On ne pourra pas les confondre avec les grands cormorans et les cormorans huppés (près de trois cents dans leurs belles robes noires moirées). On cherchera les habits blanc et gris des fulmars et des mouettes tridactyles. Quant aux goélands argentés, ils n'hésiteront pas à partager votre repas si vous en jetez quelques éléments devant vous, ne serait-ce que pour vous rappeler qu'il existe des ordres mendiants.

Au retour, dans le couchant laiteux du tout début de l'été, on devinera, au creux de l'ondulation des bruyères, les taches jaunes des ossifrages qui annoncent les petites tourbières. Il ne faudra pas alors s'étonner du sentiment confus d'avoir renoué avec la vérité – n'est-ce pas l'objet de tout pèlerinage ?

Une bague pour la vie.

Il fait froid. On est pourtant en août et dans l'un de ces espaces où la Bretagne se plaît à jouer les ambiances méditerranéennes. Il y a quelques jours encore, on voyait les guêpiers multicolores courser les libellules autour des étangs de cette imprévisible baie d'Audierne où l'on ne peut s'empêcher de revenir. La roselière forme un mur gris derrière lequel on entend le grand ressassement de la mer, mais le soleil qui se lève commence à y mettre du blond, sans rien réchauffer pour autant. On ne sent pas le temps passer, tant le lieu est empreint de sérénité. Petit à petit, la douceur s'installe et fait monter du sol des odeurs de terre.

Soudain, d'étranges guerriers sortent du mur. Lourds, barbus, hirsutes, bottés jusqu'aux cuisses, verts. Ils portent, suspendus à leur cou, des sacs de toile. Pépites, diamants, bijoux, fruits d'une contrebande ignorée, trésors trouvés dans les fouilles clandestines des caches des naufrageurs ?

DE GAUCHE À DROITE. Pose d'une bague sur un poussin de courlis né dans les monts d'Arrée.

DE GAUCHE À DROITE. Baguage de passereaux par Yann Jacob de Bretagne Vivante, sur la réserve naturelle régionale des landes du Cragou au Cloître-Saint-Thégonnec, Finistère.

Une liste, datée de la veille et affichée sur la cabane qui semble servir de repaire, maintient le mystère : *Acrocephalus arundinaceus, Acrocephalus paludicola, Luscinia svecica, Saxicola torquatus*… Assis à une table, l'un des guerriers plonge une main sûre dans l'un des sacs et en sort un minuscule oiseau beige, tacheté de brun. En quelques minutes, celui-ci va être pesé, mesuré, examiné, bagué et inscrit avec son nom scientifique en latin sur la liste des prises du jour. En fait de bijou, la seule bague qu'on trouve ici est un petit anneau métallique numéroté portant le nom du Muséum de Paris. Désormais, cet oiseau n'est plus un anonyme, et, s'il est repris, vivant ou mort, on en saura un peu plus sur sa vie et ses voyages : la prise de poids en cours de halte migratoire, les pourcentages de mâles, de femelles ou de jeunes présents à un moment donné, les dates auxquelles se font les déplacements ou la nidification. De savantes études statistiques permettent d'aller très loin dans l'analyse. Ainsi, il a été possible de mettre en évidence l'importance des roselières littorales pour la migration de certains petits oiseaux qui y trouvent des pucerons, « carburant » indispensable à la poursuite de leur incroyable voyage. À moyen terme, cette activité au long cours permet de préciser l'impact des modifications environnementales. Ces observations doivent permettre d'alimenter les connaissances en matière de conservation de la biodiversité, de changement climatique et d'évolution des milieux. À long terme, des données rigoureuses collectées sur de grandes périodes peuvent être essentielles pour répondre à des questions que nous ne posons pas encore, mais qui, demain, peuvent être cruciales. Chaque année, cent mille oiseaux sont bagués en France, cinq mille d'entre eux étant déjà fichés comme de vulgaires voyous. Ici, en baie d'Audierne, la station de baguage, qui existe depuis 1988, a déjà capturé plus de soixante mille passagers du vent.

Tous les étés, au plus fort de la migration des petits passereaux, les bagueurs tendent leurs filets dans les roselières, démaillent les oiseaux, font des fiches, forment de futurs bagueurs, enlèvent leurs filets, déplient les ailes délicates, s'enfoncent dans la boue, et, enfin, libèrent fauvettes, rousserolles, mésanges, phragmites comme autant de fragiles sondes pour mieux comprendre comment va la planète.

Sternes caugeks devant
le clocher de l'île de Batz,
Finistère.

À GAUCHE. La germandrée petit chêne ressemble beaucoup à de la menthe.

À DROITE. « Enfant de la Bretagne, les landes me plaisent. Leur fleur d'indigence est la seule qui ne soit pas fanée à ma boutonnière », André Breton.

Fleurs de l'été.

La germandrée petit-chêne est en fleurs. Discrète et fade parente de la menthe, la germandrée n'en porte pas moins une lourde responsabilité : sa floraison est l'indice irréfutable du début de la miellée. Du printemps à l'automne, les abeilles engrangent propolis, pollen et miel, mais c'est au mieux pendant quatre semaines (généralement entre le 15 juin et le 15 juillet) qu'elles réalisent la majeure partie de leur récolte. Tout l'art de l'apiculteur consistant à agrandir la ruche au bon moment et à veiller à ce que la colonie ait élevé un maximum d'ouvrières tout juste parvenues à l'âge adulte au moment crucial de la miellée. Dans les premières grosses chaleurs, chaque fleur dégorge tout son sucre. Bizarrement, l'immense bourdonnement qui emplit l'air n'est pas perçu comme l'agressif bruit parasite d'un appareil mal réglé, mais comme l'immense et harmonieuse vibration du monde. Cette biodiversité où chacun tient sa place et que tant de livres et de savants se tuent à nous expliquer nous est soudain directement perceptible. Ce n'est pas par hasard si le comble de cette vibration – lorsqu'elle semble descendre du ciel même vers les landes surchauffées et non plus venir du cœur de la végétation – était perçu par nos ancêtres comme l'écho lointain du paradis dont on aurait laissé la porte ouverte… Ne le nommaient-ils pas *tron-doue* (« bourdonnement de Dieu ») ?
Au cœur de la fête, les ronciers apportent un immense tribut. Aujourd'hui, on les juge envahissants, inutiles, dangereux et dérangeants, alors qu'autrefois ils étaient les précieux auxiliaires d'une humanité économe. Non seulement nos ronces donnaient du miel, mais elles fournissaient une partie de la ruche puisqu'on s'en servait pour lier des faisceaux de paille de seigle en spirale et former le dôme sous lequel les abeilles accrochaient leurs rayons. Une infinie variété de paniers sortait des mains paysannes, et j'en ai même vu un à Auray qui avait la taille d'une baignoire.

J'en possède un autre, trouvé à l'île aux Moines, qui a plus de cent ans d'âge et pas un trou. La souplesse de la ronce fait sa force. Elle n'arrive pas à se tenir droite bien longtemps et le bout de la tige finit toujours par rencontrer le sol, y enfoncer quelques racines avant de rebondir. Tout l'art consistait alors à la faire bondir à la limite du champ et à la tresser de telle sorte que les récoltes soient protégées du bétail divaguant. Un barbelé bondissant et couvert de roses – les ronces sont des rosacées –, quoi de plus poétique pour nous accompagner sur les chemins de l'été qui commence. Un été qui finira en promesses tenues, rondes et violacées, dont même le renard, sanguinaire présumé, se goinfrera.

Déprise agricole.
Dynamique des ronces.

Maud et Maurice Langlois font sonner un bassin en tirant les joncs.

Musiques vertes.

La Fête de la musique a un peu éclipsé la Saint-Jean, mais qu'importe le nom, pourvu que l'on continue à marquer collectivement et de façon sonore le passage du solstice d'été. Dans tous les cas, la nature a sa musique à jouer. Il faut des joncs pour faire chanter les chaudrons la veille de la Saint-Jean. Le folkloriste Paul Sébillot a donné une description très précise de ce qui se faisait en haute Bretagne : « On pose sur un trépied un bassin de cuivre dans le fond duquel on met une clé, et qu'on arrose avec du vinaigre ou du cidre aigri ; on tend dessus des joncs qu'on fait raidir comme les cordes d'un instrument et on passe les mains sur ces joncs avec un mouvement de va-et-vient analogue à celui d'une personne qui tire *[trait]* les chèvres (...). Au bout de quelque temps, la vibration se transmet du jonc au bassin et produit un son qui a quelque analogie avec celui de la vielle, et qui, bien que doux, s'entend de fort loin. Ailleurs, on "tire les chieuves" quelque temps avant d'allumer le *rieu* ou feu de joie. Parfois, on tire les chieuves en plusieurs endroits différents de la même commune, et l'éloignement produit des différences de son très agréables. » En fait, le son peut s'entendre à plusieurs kilomètres, et un témoin morbihannais notait en 1764 : « Chacun en faisant autant devant sa porte, tout le canton est en harmonie et l'étranger qui ne serait pas prévenu pourrait croire que c'est un concert ancien. »

Étrangement, cette pratique n'existait (et encore, pas partout) qu'en Bretagne, en Vendée, en Anjou et dans le Poitou. Les chercheurs ont émis de nombreuses hypothèses sur sa fonction et son origine, mais elle garde son mystère. Toutefois, sans exclure d'autres significations, on peut y voir une sorte de cloche destinée à rassembler le voisinage. C'est ce que suggère le témoignage de la conteuse gallèse Eugénie Duval : « Lorsque les villageois entendaient le tir aux joncs, c'était l'heure. Tout le monde se réunissait et venait faire la fête. Ensuite, on allumait un grand feu et on dansait toute la nuit, jusqu'au matin. »

Les animateurs nature ont depuis longtemps tiré parti des multiples instruments mis à leur disposition par la végétation pour faire de la musique. Ce que l'on sait moins, c'est qu'ils ont presque toujours repris des traditions rurales. Les petits pâtres avaient de magnifiques savoir-faire dans ce domaine. Une simple feuille de lierre placée devant les lèvres offre d'incroyables possibilités mélodiques à qui montre un peu de persévérance. Une feuille de houx, entaillée au revers sans la percer, peut aussi faire l'affaire. Une tige de pissenlit, un chaume de blé ou d'avoine, une tige de sureau agrémentée d'une pelure d'oignon, offrent aussi, en toute simplicité, de belles sonorités, comme d'ailleurs tout ce qui ressemble d'une manière ou d'une autre à une flûte. L'écorce de châtaignier doit être détachée en spirale d'une branche (plutôt lors de la montée de la sève), mise en entonnoir et cousue avec des épines ; on lui ajoute enfin une hanche d'écorce ou de jonc et l'on obtient une trompe qui fait chanter l'arbre. Depuis que l'homme écoute le vent dans les feuilles des peupliers, il a compris que l'harmonie était de ce monde – dans les arbres.

DE DROITE À GAUCHE.
Maurice Langlois sait dépouiller les « pifs » et les faire siffler.

La famille Primault sur le passage du Tour de France à Brasparts, Finistère, en 2008.

Transhumances.

Ils sont partis. Tout étonnés d'avoir toute la route pour eux, ils restent encore serrés les uns contre les autres. Ils observent et se gardent de jeter tout de suite leurs forces dans la bataille, ignorant en fait ce qui les attend vraiment après chaque virage. D'ailleurs, voient-ils les virages arriver ? Ils ont la tête tellement penchée en avant qu'ils semblent totalement faire confiance à ce qu'ils voient de celui qui les précède. Si les premiers avancent aussi tête baissée, il peut y avoir de la casse. D'autant plus de casse que l'on quitte rapidement la partie goudronnée pour s'engager sur une voie où la poussière qui vole rend la visibilité encore plus pénible. Au fil de la route, le peloton se défait un peu. On dirait maintenant un écheveau de laine mal serré qui gonfle et se rétrécit comme dans une lente respiration. La grande bête qui souffle ondule sur le chemin et profite des dernières fraîcheurs du bocage. Soudain, c'est la lande, étalée en damier irrégulier avec la zébrure blanche du chemin au milieu. Les gens qui se sont installés sur les gros cailloux ou assis sur les fougères des talus pour ne pas se piquer encouragent les traînards autant que les premiers. Des sonneurs lancent leur complainte comme pour accélérer la cadence. Bousculé par ses voisins alors qu'il tentait un débordement pour prendre la tête, un petit maigre roule dans le

Tranquille retour
de transhumance
sur les pentes
des monts d'Arrée.

Pause à l'étape.

fossé. On s'empresse autour de lui. Non, il n'a rien et repart avec une volée de tapes sur les fesses. Mais c'est un grand noir qui en a profité pour prendre le commandement. Pas pour longtemps. La montée qui s'amorce calme les velléités d'échappées. Le peloton se regroupe, dégageant maintenant une tenace odeur de suint ; la poussière commence à former des croûtes sombres composant des visages effrayants que l'on peut apercevoir si un membre de la troupe lève la tête pour tenter de reprendre son souffle. À l'arrière, un chien noir et blanc court en tous sens et aboie comme pour interdire tout abandon. La chaleur commence à être écrasante et les spectateurs se font de l'ombre avec tout ce qui leur tombe sous la main. L'arrivée n'est fort heureusement pas prévue au sommet de l'énorme butte couronnée d'une chapelle, mais un peu plus bas, dans une grande lande d'un beau vert olive. Le public, massé derrière la clôture, applaudit.

Depuis 2005, le public est invité à accompagner la transhumance des moutons vers les landes que domine le mont Saint-Michel de Saint-Rivoal, au cœur des monts d'Arrée. Disparus des lieux depuis une centaine d'années, ils reviennent, investis d'une mission d'entretien du milieu et de prévention des incendies qui mérite bien les encouragements de la foule.

Jardins dans les îles.

Il y a les explorateurs qui veulent aller toujours plus loin, plus haut, plus profond. Il y a les amateurs de jardins que tente un toujours plus au nord. Ce fut le pari d'un assureur qui avait le goût du risque, Georges Delaselle. En visite à l'île de Batz, il avait remarqué que les marins acclimataient des plantes exotiques : dracenas, agaves, palmiers à chanvre, pourrétias du Mexique… Même le faîtage des maisons s'ornait de griffes de sorcière rapportées d'Afrique du Sud. En 1897, Delaselle acheta un peu plus de deux hectares de dunes à l'île de Batz. Le genre de terrain que les agriculteurs du lieu n'allaient pas lui disputer, tant il était aride. Justement ! Georges Delaselle aggrava même la situation en repoussant des tonnes de sable sur les bords pour créer une sorte de cuvette protégeant le terrain des vents. Il voulait un jardin « colonial » et il l'eut. Cependant, en 1937, ruiné par la crise économique, il fut obligé de vendre son œuvre alors que sa composition arrivait à maturité.

Une cinquantaine d'années plus tard, après un long oubli, il ne reste que quarante-neuf témoins végétaux du jardin de Georges Delaselle. Mais c'est encore assez pour faire rêver un petit groupe de passionnés qui ne renient pas la formule du créateur : « Il faut avoir un but, fût-il une chimère. » Il y a aujourd'hui plus de deux mille plantes différentes dans le jardin fleuri de l'île de Batz.

Mais Georges Delaselle ne m'émerveille plus. Ce qui relevait d'un défi lancé par un original illustre aujourd'hui deux fléaux planétaires : la terrible dispersion des espèces de par le monde, avec tous les déséquilibres qui s'y rattachent, et le dérèglement climatique dont on voit bien qu'il repousse un peu plus chaque année la limite nord de répartition pour nombre d'espèces.

Alors, à tout prendre, j'aime mieux les petits jardins de certaines maisons de l'île Molène, où il n'y avait rien parce qu'on y faisait sécher une algue, le pioca, ou, mieux encore, les anciens jardins de l'île de Sein, où ne pousse plus que du lichen sur les murets. Mais quels lichens ! Des lichens d'avant-guerre, vert-de-gris, gris de vert, et dans des jardins si petits qu'ils y semblent encore plus grands.

Si vous insistez, je vous accorderai le jardin de l'ancienne institutrice, dans l'île où j'ai grandi. Il a des échappées sur la mer, des chaises en fer, des oiseaux en bois, des rosiers, des vieilles poteries, un pichet sur la table quand elle est là.

Sur l'île de Sein.

Plafond du café de la Paix à Moncontour, Côtes d'Armor, l'un des plus vieux bistrots de Bretagne.

Véritable centre culturel sylvestre, le café librairie L'autre Rive à Berrien, Finistère, attend les amateurs à l'orée de la forêt du Huelgoat.

Bars et cafés.

Comme si la disparition de nos visons d'Europe, des recteurs en soutane, des coiffes de Pont-Aven, des bouteilles de Grappe fleurie, de la dame blanche du pont de Plougastel et de l'orme champêtre ne suffisait pas, on nous annonce que 10 % des cafés bretons ferment chaque année. Le silence assourdissant du ministère de la Culture inciterait presque à se tourner vers celui de l'Écologie, qui s'est engagé à éviter toute nouvelle perte de biodiversité. Georges Perros, un expert, disait déjà que « l'oasis de l'Occident, c'est le bistrot ». À chacun son patrimoine, et celui des cafés, bars et estaminets mériterait que, chaque automne, une journée lui soit consacrée. Ils sont le cœur battant des villes. La vie déborde des bars et des cafés – étranges « cafés », d'ailleurs, qui annoncent souvent un produit apparemment inconnu des consommateurs. Après y avoir passé tant d'années à broder autour du comptoir sur le thème « yaplusd'saison », il serait dommage que les mêmes clients, transformés en réfugiés climatiques, ne puissent pas s'y faire sécher ou s'y rafraîchir. Car le café enregistre toutes les variations météorologiques et les rend lisibles à l'extension de sa terrasse et aux boissons posées sur le zinc. Après avoir veillé à la répression de l'ivresse publique et du tabagisme passif, les pouvoirs publics ne devraient-ils pas engager un nouvel effort dans le domaine de la prévention sanitaire, en reconnaissant les bienfaits des bars dans le traitement de la dépression et de la tristesse publiques ? La plaque émaillée de la licence IV vaut mieux que celle des médecins qui vous expédient en cinq minutes ou

celle des psychothérapeutes qui vous gardent cinq ans. C'est l'ivresse du progrès qu'il faudrait réprimer. À l'heure de la privatisation de tout, n'est-il pas temps de reconnaître certains transferts de compétences et de revenir au café-épicerie, qui poussait parfois le sens du service public jusqu'à vous vendre du gaz à 10 heures du soir et, même, vous couper les cheveux ?
Réclamons des « cafés de garde » qui offrent aussi des tableaux, des livres, de la brocante, du thé, une machine à laver, de la musique, des plantes vertes, du pain, des films, des débats, des gâteaux, et beaucoup, beaucoup de chaleur humaine. Vous n'y croyez pas ? Apprenez que ces cafés existent déjà. Certes, pas partout encore, mais la dynamique est sensible et l'on peut déjà compter une bonne centaine de lieux qui procurent un ou plusieurs des services que nous venons d'énumérer. Bien sûr, pour le même prix, tous étanchent notre soif de culture, d'échange, d'humanité.

L'inimitable café épicerie de Guy Flegéo à Saint-Jacques en Bannalec, Finistère.

Les résultats du bac.

D'un strict point de vue statistique, aucun doute n'est permis : ils l'auront. Les meilleurs du premier coup sans problème. Les moins bons aussi, puisqu'ils sont près de 80 % à le décrocher dès la première tentative, un peu plus de 6 % devant s'y reprendre à deux fois. Pourtant, tous les ans, au début du mois de juillet, l'angoisse s'empare d'une partie de la jeunesse bretonne. C'est qu'aucun élève ne s'autorise à parier sur son propre succès. Il redoute toujours l'accident, la distraction, le trou ou, pire, l'injustice…

Il est vrai que la mise sous pression ne date pas d'hier. Cela fait plus d'un siècle que l'école apparaît comme le moteur du progrès social et qu'elle expérimente les vertus du carburant laïc et du carburant catholique. Cela fait depuis la maternelle que les résultats scolaires rythment la vie familiale. Cela fait depuis l'entrée en seconde que l'objectif est fixé sans ambiguïté. C'est parce qu'il est interdit que l'échec fait peur. Il n'y a pourtant guère de trace d'élitisme dans tout cela, puisque tous les enfants sont accueillis et présentés aux examens avec un faible taux de redoublement.

Pour observer de l'émotion à l'état pur, il suffit donc d'aller traîner au jour dit, à partir de 17 heures (attention, les heures peuvent varier !), du côté des lycées et, plus précisément, à proximité de ce qu'il convient d'appeler le mur des exaltations. De petits groupes se forment, faussement calmes ; on bavarde, un œil rivé sur le panneau où vont s'afficher les résultats.

On a pu craindre que l'envoi des résultats sur les ordinateurs et les téléphones mobiles mette fin au rituel. S'il n'en a rien été, c'est tout simplement que les rituels se doivent d'être collectifs et que l'informatique n'ayant pas encore fait la preuve absolue de sa fiabilité, rien ne vaut un nom imprimé sur du papier.

CI-DESSOUS. Résultats 2008 du baccalauréat au Lycée Tristan Corbière à Morlaix dans le Finistère.

À DROITE. Mon Dieu, préservez-nous des résultats par SMS !

Dès les premières feuilles affichées, un flux compact est aspiré par le mur ou la vitre. Mais rapidement, l'essaim se défait pour ne plus regrouper que les élèves de la série concernée. Les cris se mêlent aux noms qui fusent, comme si, soudain, mille piqûres électrisaient tout le groupe. Les bras se tendent, s'emmêlent, resserrent encore plus les uns avec les unes, les unes avec les autres. Difficile de savoir si les larmes qui coulent sont de miel ou de sel. Les mots manquent, les baisers volent si vite qu'il en tombe partout. Le bonheur déborde sur les pelouses. Le malheur, lui, se cache bien vite, abandonne la partie sur la pointe des pieds. Puis, insensiblement, le sol se rapproche de ceux qui sont restés. On mesure l'instant auquel ils le touchent quand, dans un réflexe semblable à celui du plongeur qui sort la tête de l'eau, ils dégainent leur téléphone portable et tirent en rafale, sans le moindre égard pour les témoins. La fête est finie, ici tout du moins.

Marchés d'été.

Étrange cuisine bretonne, qui a longtemps tourné le dos à ses origines jugées trop pauvres et qui y puise désormais des saveurs oubliées et la force authentique de la simplicité. Le lait, le porc, les poissons, le blé noir et les pommes en sont la base inaltérable, mais tant la mise en œuvre que les à-côtés propres à chaque terroir sont une infinie source de diversité.

Récolte du coco paimpolais chez Jean-Yves Tilly à Lézardrieux, Côte d'Armor.

Chacun composera donc le menu de son goût en puisant dans les paniers que nous allons remplir au fil des marchés de pays. Commençons, un samedi, par le marché des Lices à Rennes et ses melons petit gris. Contrairement à ce que son nom peut laisser croire, il est vert-jaune à maturité et d'un parfum très agréable. Sa fragilité en interdit la diffusion, et le mieux est de le mettre au programme d'un pique-nique dans le parc du Thabor. Pour rester dans le sucré, vous trouverez en cherchant un peu un bocal de pommé. C'est une pâte brun-rouge fabriquée en faisant cuire pendant 24 heures des quartiers de pomme dans du cidre. Une véritable fête accompagnait sa fabrication, généralement en octobre. Contrairement à l'éphémère melon, vous pourriez conserver le pommé plusieurs années. Mais il faudrait être particulièrement impitoyable avec vous-même pour résister aussi longtemps à l'envie de le tartiner.

DE GAUCHE À DROITE. L'artichaut camus de Bretagne est arrivé dans la province au XVIe siècle, à la fin du XVIIIe siècle, il était déjà cultivé aux environs de Roscoff. Le melon petit gris de Rennes serait une mutation apparue après la première guerre mondiale chez le noir des Carmes.

Le marché de Paimpol se tient le mardi matin. Depuis qu'il a obtenu son appellation d'origine contrôlée, le coco de Paimpol – qui est un immigré argentin – a gagné en notoriété. Pourtant, cette production authentiquement locale est plus réputée dans le Sud de la France, où elle est l'un des symboles de la rentrée des classes, que dans sa région d'origine, où elle n'a pas donné lieu à des recettes réputées. Il peut toutefois sembler cohérent de préparer un agneau de pré-salé du Mont-Saint-Michel ou un chapon de Janzé avec des cocos de Paimpol. C'est aussi le mardi, sur la place de l'Évêché, que se tient le marché de Saint-Pol-de-Léon. Le mieux est de prévoir un grand panier. Comment faire, sinon, pour caser artichauts, choux-fleurs, oignons et échalotes – la version biologique, si on la trouve, étant à privilégier ?

Le coco de Paimpol a bénéficié en 1998 de la première appellation d'origine contrôlée décernée à un légume frais.

L'île de Sein tourne le dos à l'océan qui gronde.

ÊTÉ

La plage.

Sociologues et naturalistes sont parfaitement d'accord : lieu de liberté où tout semble laissé au hasard, la plage est en fait un espace marqué par des contraintes d'autant plus fortes qu'elles sont peu visibles. Qu'il s'agisse de vers de vase ou d'humains, la répartition des êtres vivants n'a rien d'aléatoire et le regard qu'on porte sur eux n'est jamais neutre. Prenons le petit peuple des laisses de mer, cet ourlet sombre que les marées laissent en cadeau sur la plage. Au milieu des épaves de bois et de plastique, des graines et des coquilles, des algues et des fragments de filets, des coquilles et des poissons morts, une multitude grouillante, bourdonnante, rampante, sautante, volante, vibrante, aspirante, dévorante, s'active avec acharnement. En arrivant avant les cantonniers et les baigneurs, on peut, de loin, observer le pipit maritime, le gravelot à collier interrompu, la bergeronnette grise ou l'inévitable goéland argenté. De tout près, il faut déjà un certain bagage naturaliste si l'on veut vraiment reconnaître idotées, gammares, nébalies, sphéromes, broscus, puces de mer, mouches velues, staphylins, carabes, asticots, cicindelles, araignées… Beaucoup de détritivores, mais aussi leurs prédateurs, et surtout des espèces adaptées à cet étrange milieu sans cesse remanié, noyé, s'étirant sur des centaines de mètres, voire plus, mais ne dépassant guère un mètre de large sur les plages de l'été où il est respecté. Les marées importantes revenant à des intervalles d'un mois, certaines espèces ont adopté un cycle biologique de vingt-huit jours ; une mouche, elle, a fait l'économie de ses ailes, considérant qu'elle n'avait jamais de grandes distances à parcourir.

On peut être fasciné par cette extraordinaire fête du vivant qui s'offre à nos yeux et par le merveilleux atelier de recyclage linéaire de la laisse de mer. Mais c'est compter sans notre obsession de la propreté forgée par plus d'un siècle d'hygiénisme ; c'est compter sans notre goût pour les

jolis oiseaux, les petites fleurs et les coccinelles et notre dégoût compulsif pour ces noirs essaims qui grouillent dans les replis de la laisse de mer. Aucun hasard, pourtant, dans la présence de toutes ces petites bêtes qui nous écœurent. Elles sont bien là à leur place et ne peuvent être pour la plupart nulle part ailleurs. Néanmoins, nous avons une certaine idée d'une plage « normalement propre », c'est-à-dire nettoyée par des employés municipaux salariés, si possible assistés d'une cribleuse. Il faut cacher ces noirs essaims que nous ne saurions voir.

Cabanons dans les calanques ? Non, cité Baby à Saint-Brieuc, Côtes-d'Armor.

Jeux de plage à Crozon.

De même, pour peu qu'on prenne le temps d'observer les humains sur la plage, on remarquera que leur répartition, leur comportement et leur aspect ne laissent rien au hasard. Groupes d'âge et groupes sociaux sont simples à repérer, et on ne peut qu'être admiratif devant l'énergie déployée par les vacanciers qui fournissent un effort continu pour faire entrer leur corps dans le code des couleurs prévu par la norme collective. Effort redoublé pour les femmes qui savent que la grande liberté qu'elles se sont offerte d'enlever le haut se double d'une terrible contrainte secrète qui interdit toute forme s'allongeant par trop vers le bas. Il faut cacher ces tristes seins que nous saurions voir.

Ni vraiment terrestre, ni vraiment marine, ni vivante, ni morte, la laisse de mer ne respecte pas les frontières, elle est elle-même une frontière mouvante entre deux mondes. C'est peut-être pour cela que nous avons tant de mal à l'accepter. Ni vraiment admis ni vraiment condamné, le corps dénudé sur la plage se doit de respecter les frontières : immobile et, à l'horizontal, il ne peut exister que figé.

La plage, un lieu de fête pour l'été ? À bien y regarder, elle pourrait l'être. Mais encore faudrait-il accepter qu'elle soit un lieu de vie.

Ce n'est pas le petit Natanael qui joue sur la plage avec les franges bien peignées du tapis de l'herbier marin qui me contredira : il vit encore au pays de la liberté.

Préparatifs pour la fête
des Filets Bleus
à Concarneau, Finistère.

La procession.

En trente ans, la Bretagne a perdu la moitié de ses agriculteurs. Côté pêcheurs, ce n'est guère mieux. Quant aux fidèles, ils ont déserté les églises à un rythme encore plus rapide.

Est-ce pour cela que, tous les étés, la Bretagne joue à faire comme si de rien n'était : rassemblements des vieux gréements, fêtes des moissons et pardons qui remplissent églises et chapelles ?

Une bonne cinquantaine de pardons bénéficient encore en Bretagne d'une réputation allant au-delà des limites d'un canton. Sainte-Anne d'Auray avait une vocation régionale que même Sainte-Anne La Palud (en Plonévez-Porzay) ne cherchait pas à lui disputer. (On s'y retrouve d'ailleurs le dernier dimanche d'août et non le 26 juillet.) Par contre, la concurrence est forte entre les églises et les chapelles consacrées à la Vierge et qui attendent majoritairement les pèlerins le 15 août ou le 1er Mai, voire à ces deux dates. Rumengol, Kernitron en Lanmeur, Lanrivain, Ploulec'h, Guingamp, Saint-Brieuc, Quintin, La Prénessaye, Guern, Rostrenen, Josselin, Moncontour, Combrit, Baud, etc. Le pardon du Folgoët est l'un des plus imposants et des plus suivis, tant il reste le rendez-vous de la foi léonarde. Même la duchesse Anne jugea bon de faire halte dans l'église, tout comme elle l'avait fait à Saint-Jean-du-Doigt, l'un des rares saints « classiques » ayant réussi à se faufiler dans le panthéon des Bretons, sans doute pour les affinités de sa fête avec les rituels des cérémonies d'été. Saints officiels, tel Yves à Tréguier, authentifiés, tel Hervé à Gourin, Louargat et en son fief de Lanhouarneau, ou ne bénéficiant que de l'onction populaire, tels Herbot à Plonévez-du-Faou et Cornély à Carnac. Certes, le pardon ne manifeste plus aujourd'hui une foi partagée par la foule des présents, et la rupture est nette, dans ceux qui se déroulent en été, entre le noyau des fidèles qui participent et la masse des spectateurs qui assistent aux cérémonies et, tout spécialement, à la procession. Pourtant, on peut identifier une permanence qui rassemble : le pardon n'est pas seulement un acte de foi doublé du culte d'un saint, c'est aussi la célébration d'une identité où « l'entre-soi » ne va pas sans un « pour-les-autres ». Sans doute bien peu des pardonneurs de Landeleau qui arrachent des écorces à l'arbre de Saint-Thélo croient qu'elles sont plus efficaces qu'un paratonnerre, tout

La Fête des jumeaux de Pleucadeuc dans le Morbihan, ne saurait se passer de majorettes.

Une pause sur les hauteurs de Locronan, Finistère, lors de la grande Troménie de 2007.

comme ceux qui vont faire bénir leur moto ou leur bateau ici ou là seraient bien en peine d'énoncer les éléments de base du catéchisme connu d'une première communiante il y a cinquante ans. Cependant, des porteurs de bannières aux porteurs de Caméscope, tous en sont. Tous célèbrent une même fête identitaire réaffirmant une même volonté d'être, ne serait-ce que quelques heures, de quelque part et d'une histoire. Une histoire qui peut mêler les traits les plus archaïque et les dernières avancées de la technique. Il n'y a pas de « survivances », il n'y a que des rituels sans cesse réinventés. Un pardon, c'est une façon comme une autre de chercher à ne pas perdre pied, à prendre des repères, à se souvenir de tout ce que la terre a porté.

Les sonneurs du bagad de Lann Bihoué passent presque inaperçus à la fête des jumeaux de Pleucadeuc.

Les Nantais du SPA (String Power Attitude) sous leur bannière officielle au festival des Vieilles Charrues 2009.

Le festival.

C'est à la fin de l'été, dans les ultimes rassemblements, qu'il faut les chercher. Du côté du festival des Fennecs, dans l'arrière-pays de Saint-Malo, ou de La Renverse, à Muzillac, dans le Morbihan. Un regard discret sur le poignet des uns ou des autres permet de découvrir les plus endurcis des anciens combattants. Ceux-là arborent une pile de bracelets colorés qui témoignent, pour les initiés, de leur présence à tous les rassemblements musicaux de l'été breton, des Tombées de la nuit de Rennes aux Vieilles Charrues de Carhaix, en passant par le Festival du Bout du Monde à Crozon, pour ne citer que les trois hauts lieux de ce moderne Tro Breiz. Il y a bien la même volonté d'affirmer de façon visible « J'étais là » que chez les pèlerins du passé, qui signifiaient avec des fleurs leur participation à tel ou tel pardon : des arméries pour Saint-Gildas en Penvenan, du goémon rouge pour Sainte-Anne de Trelevern et des épis de millet pour celle d'Auray, des chardons bleus pour Saint-Cornély de Carnac.
À défaut de mieux (ou de pire), les festivals musicaux sont devenus une sorte de rituel initiatique pour une partie de la jeunesse bretonne. Ils présentent les caractéristiques classiques du phénomène : isolement des jeunes pendant plusieurs jours dans un espace spécial dont l'accès est contrôlé, privation de sommeil, absorption de boissons et de produits pouvant altérer la

conscience de soi, musiques et rythmes agissant sur la perception, interdiction de se laver, mise à l'épreuve physique dans les mouvements de foule, sous les trombes d'eau, dans la boue, en plein soleil. On a d'ailleurs pu observer au fil des ans un rajeunissement régulier du public, qui semble avoir perçu que ce passage symbolique vers un autre état de l'adolescence avait valeur de certificat d'émancipation. Les parents n'ont plus grand-chose à interdire dès lors qu'ils ont autorisé ces trois jours hors du temps et de l'espace.

Mais c'est aussi une sorte de certificat de nationalité qui s'affiche sur les poignets de la jeunesse : je fais la fête, donc je suis breton – je suis breton, donc je fais la fête. On sait que l'esprit de compétition n'a pas seulement entraîné la région sur les chemins de la réussite scolaire. Il a aussi joué son rôle dans bien d'autres domaines comme l'intensification agricole ou le développement des hypermarchés. Mais ces aspects ne sauraient être aussi consensuels que les deux cent cinquante festivals de l'été, dont le plus grand rassemblement musical de France. La fête est ainsi devenue en quelques années une véritable religion identitaire pour la jeunesse. Mais c'est une religion qui n'a rien d'une secte, car elle est estivale, tolérante et fraternelle.

CI-DESSOUS. Le groupe morbihannais Punk Rock Pandemonium participait au festival Terres Fertiles de Lanvaudan en 2008.

À DROITE. Le festival du Bout du Monde à Crozon-Morgat : comme les autres et si différent.

Festival
du bout
du

AUTOMNE

NAZADO
Erquy

NATURE SAUVAGE

PAGE PRÉCÉDENTE. Eddy Blanchet, pêcheur de coquilles saint jacques en baie de Saint-Brieuc, Côtes d'Armor.

CI-CONTRE. Pêche aux coques à Locquirec, Finistère.

Grandes marées.

Liberté grande. C'est le titre du seul livre de poèmes de Julien Gracq. Il suffit à lui seul pour évoquer les grandes marées d'automne. Si l'on y ajoute le recueil *La Terre habitable*, qui complète le précédent, on aura tout ce qui pousse hommes, femmes et enfants à la poursuite du flot descendant les jours de grande marée.

L'idée de pénétrer un espace interdit est consubstantielle aux plaisirs de l'estran. Quand la mère a le dos tourné, les gamins peuvent faire toutes les bêtises dont ils rêvaient. Nous sommes tous des enfants de la mer.

Chacun a commencé avec un seau en plastique à ramasser des coques qui font mal au ventre. Puis il reçu – parfois volé – les savoirs qui ne peuvent être que des secrets et l'éducation du regard. Tout est dans l'œil, dans la capacité à déchiffrer l'écriture des palourdes, le frémissement des vagues, et à retrouver un chemin sans cesse effacé. Le matériel n'est rien, tout panier, tout pot, tout sac, toute cuillère, toute lame, toute dent, tout manche, est bon – mais pas les seaux ! Le matériel, c'est faire corps avec l'estran.

Les araignées, tu ne sais pas ce que c'est si tu n'as pas appris à les deviner avec les pieds. L'énorme châtaigne doit se mériter, comme le reste. Mais ceci une

Pêche aux ormeaux à Guimaec, Finistère.

pêche de printemps, et à l'automne, ce sont les ormeaux que l'on cherche en aveugle, puisqu'il est interdit de mettre la tête sous l'eau. La combinaison en Néoprène aura beau limiter les frissons, il faudra bien y aller avec les doigts et en payer le prix en petites et en grandes coupures.

Mais, depuis un petit quart de siècle, la donne a changé. La donne est donnée. La palourde japonaise et l'huître creuse ont déferlé, s'offrant avec impudence aux porteurs de seaux. Les malappris n'ont rien compris, rien respecté et tout retourné au passage.

Pourvu que la grande marée d'automne soit furieuse, arrosée, ventée, pour que seuls ceux qui ont l'âme salée viennent s'y frotter.

Pêche aux vagues à Plougasnou, Finistère.

Forêts.

Les dunes et les falaises, les landes et les îles, les vasières et les marais… Côté milieux naturels, la Bretagne se défend bien. Il fallait donc qu'elle ait un point faible : les forêts. La région reste, avec la Normandie, la moins bien dotée du pays. La France compte 28,2 % de sa surface en forêts, tandis que la Bretagne plafonne difficilement à 13 %, avec un important émiettement des propriétaires. Il n'y a que dix-sept massifs de plus de 1 000 hectares, et quatre seulement sont des forêts domaniales.

Petite, la forêt bretonne est aussi fragile, et ses constituants les plus remarquables sont menacés. Nous évoquerons plus loin le châtaignier sous ses seuls aspects positifs. Mais il faut bien dire ici qu'il est la première victime du dérèglement climatique. Trop d'eau au tournant du millénaire, pas assez dans les années qui ont suivi et même pas du tout pour l'été 2003, bref, des anomalies brutales qui ont favorisé le développement de champignons parasites, le chancre et l'encre, le second s'avérant généralement mortel. Le chêne pédonculé tire aussi la langue. Les hêtres, qui n'ont pratiquement plus été plantés en nombre depuis que la botte en caoutchouc a remplacé le sabot, accusent une vilaine pyramide des âges, et même les résineux à croissance rapide avouent leurs faiblesses – les mélèzes ont des malaises. Les petits bois de pins maritimes ne sont pas

épargnés, puisque la chenille processionnaire a désormais terminé son périple par le chemin des douaniers et, beau temps aidant, elle a atteint Saint-Malo.

Pourtant, que la forêt est belle, puissante, prenante, quand on peut encore s'y perdre et y rêver d'une nature vraiment sauvage. Ce qui nous saisit quand nous découvrons les colonies d'oiseaux à Goulien, au cap Fréhel ou aux Sept-Îles, c'est bien ce sentiment d'un espace de nature indemne de toute intervention humaine et nous ramenant à nos petites et justes dimensions. Mais dans les terres, il est bien difficile d'éprouver les mêmes sentiments, tant il y manque des lieux où la vie sauvage est livrée à elle-même. Or, si on laissait la nature s'exprimer sans contrainte, c'est bien une forêt qu'elle nous livrerait, pas la forêt bien sage que d'habiles gestionnaires conduisent avec sagacité pour en tirer le meilleur parti, mais une forêt regorgeant de vie, avec ses nains et ses géants, ses clairières et ses chaos impénétrables, ses musiques de nuit.

On pourrait compter sur cette forêt-là pour encaisser les coups du climat affolé, mais, pour l'heure, on ne peut que la rêver en s'enchantant d'un vieux tronc saccagé par le pic noir, en écoutant l'incroyable murmure de la fourmilière aussi grosse qu'un sanglier, en devinant les chauves-souris cachées dans le chêne vrillé, en découvrant les escargots de Quimper sous les feuilles des grandes luzules.

Chaos rocheux en forêt du Huelgoat, Finistère.

André Dhôtel a écrit : « Dire que les champignons sont souvent difficiles sinon impossibles à déterminer, c'est avouer en tout cas qu'entre la description et la vision il y a un abîme, cet abîme où nous sommes d'errants et passionnés pèlerins. »…

Champignons.

C'est seulement depuis quelques années que l'on voit, l'automne venu, des voitures garées sur le bas-côté des routes longeant des forêts. Parfois, on aperçoit des porteurs de grands paniers et même de cageots. Avec un léger décalage, on peut observer aussi de plus en plus de panneaux « Cueillette de champignons interdite ». C'est que, pendant longtemps, les Bretons n'ont guère aimé les champignons. Ils désignaient pratiquement toutes les espèces d'un même nom méprisant : « bonnet de crapaud » (*kabell-touseg*, *tog-touseg*, *boned-touseg*), et quand les champignons formaient un cercle, ce ne pouvait être qu'un « rond de sorcières »…

Il y a sans doute des millénaires que les hommes ont appris à maîtriser finement les effets hallucinogènes des psyllocibes ou de l'amanite tue-mouche. Tout le monde connaît cette dernière, avec son magnifique chapeau rouge convexe couvert de petites verrues blanches, son pied, de couleur blanche, commençant à la base par un bulbe arrondi entouré de bourrelets et portant un anneau, tout le monde la connaît, mais rien ne vaut une piqûre de rappel pour sauver une vie. Elle se rencontre dans les sous-bois de bouleaux et de résineux d'une grande partie de l'hémisphère Nord. Jusqu'à nos jours, les peuples sibériens pratiquant des rituels chamaniques utilisaient l'amanite. Il n'est donc pas impossible que les interdits portant sur les champignons en Bretagne ne soient que l'ultime vestige d'une pratique réservée à ceux qui communiquaient avec l'au-delà grâce à des substances aussi dangereuses que sacrées. L'association de l'amanite avec le crapaud n'est d'ailleurs pas innocente : la peau de celui-ci contient aussi un produit hallucinogène !

Mais tout se perd, même les peurs millénaires. Le champignon breton est devenu comestible ! S'il peut être un bon moyen de découverte de la nature, le développement de la cueillette n'est pas sans effets négatifs, hélas. Depuis quelques années, les amateurs éclairés remarquent avec tristesse que le ramassage systématique, l'arrachage parfois et le tassement des sols par le piétinement conduisent à la raréfaction des « bons coins » et, plus généralement, à l'appauvrissement de la biodiversité.

La fonction écologique des champignons n'est pas le plaisir automnal des humains mais de contribuer, en toutes saisons, au recyclage des substances nutritives, à la formation des sols et à de très complexes échanges avec les végétaux supérieurs et les invertébrés auxquels ils sont associés. En fait, sans les champignons, il n'y aurait pas de forêts ni d'autres habitats naturels structurés. Il n'y aurait plus, d'ailleurs, d'automne, une saison qui, pour certains, n'existe que parce qu'elle sent bon les champignons.

… et il ajoutait : « La photographie ne rend jamais de façon décisive les particularités d'un champignon ». Ne vous étonnez donc pas du silence des auteurs sur les espèces présentées ici. Mais la délectation visuelle n'a pas à s'embarrasser de noms latins et de risques d'intoxication.

La foire aux chevaux de Kerien, Côtes d'Armor...

Chevaux.

Savez-vous qu'il existe un livre – excellent – intitulé *Les Quatre Saisons du cheval breton* ? Pour moi, qui ne suis pas éleveur, il n'y en a qu'une, et c'est l'automne. Un automne qui, je l'avoue, commence le lundi suivant le 8 septembre avec la foire de Bulat-Pestivien, qui se poursuit avec la foire de Plaintel, le premier lundi d'octobre, et qui s'achève à Kerien, un samedi à la mi-octobre. À d'autres, les ventes, les sélections, les démonstrations, les courses et les pardons de printemps et d'été. Toutes ces manifestations ont leur charme, leur force et leur authenticité, mais c'est dans ces petits bourgs ignorés des Côtes-d'Armor que peut se deviner l'âme profonde du cheval breton et de ses éleveurs. Les photographies d'Hervé Ronné en ont si bien saisi l'esprit que je ne tenterai pas de le capturer au lasso des mots.

On ne le répétera sans doute jamais assez, l'agriculteur breton est d'abord éleveur, et l'apogée de la civilisation rurale bretonne fut celle de l'éleveur de chevaux. Avec dix-huit chevaux au kilomètre carré, le département du Finistère présentait au début du XXe siècle la plus forte concentration équine de France (Paris excepté), soit trois fois plus que la moyenne nationale. Les Côtes-d'Armor en comptaient quatorze, le département d'Ille-et-Vilaine onze, le Morbihan et la

Loire-Atlantique six. Comment, dans ces conditions, le cheval ne serait-il pas l'orgueilleux emblème des agriculteurs bretons ?

La demande extérieure et la révolution agricole de la première moitié du XIXe siècle ont justifié une présence que la traction bovine et la maigreur des récoltes avaient jusque-là écartée, et le cheval est rapidement devenu le symbole de la réussite technique et sociale. Sa valeur marchande en faisait l'objet de tous les soins, mais on aurait tort de s'arrêter à cet aspect de la relation, car ce serait négliger ce qu'elle engageait de réciprocité. Les chevaux ont élevé les éleveurs. Tous les témoins ont souligné la réelle affection portée au cheval de la ferme et le déchirement que fut le passage au tracteur. Combien d'agriculteurs, d'ailleurs, n'ont-ils pas conservé, en dépit de toute logique économique, leur vieux compagnon, au même titre qu'un parent devenu infirme ?

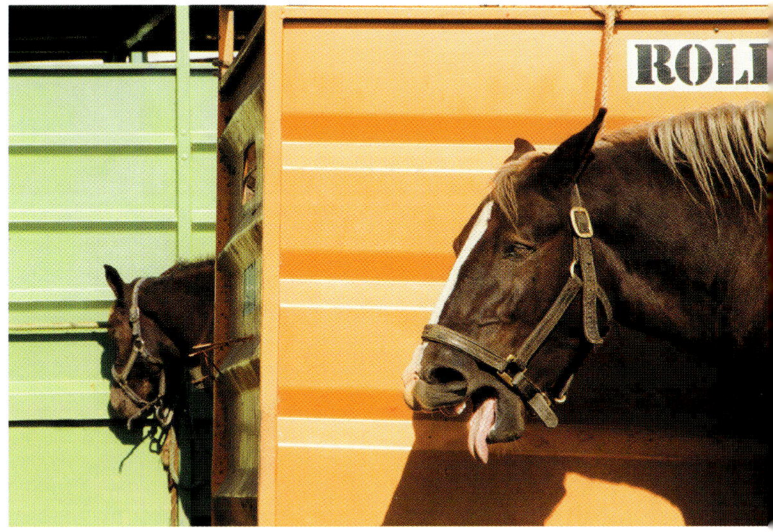

Malgré tout, en vingt ans, la demande agricole s'effondra et les effectifs aussi. C'est paradoxalement le développement du marché de la viande qui sauva le cheval breton. Il prit du poids et perdit ses particularismes. Le « montagne », le « postier » et le « trait » se sont fondus en une seule race que l'on peut nommer « postier », mais où l'on trouve aujourd'hui pratiquement deux fois plus de conformations « trait ». En fait, il repart aujourd'hui vers le nouvel horizon des loisirs équestres. Les malles de la poste sont remplacées par des roulottes, des chars à bancs rénovés. Les chevaux bretons trouvent de nouveaux partenaires pour

...Où il n'y a pas que des chevaux.

Depuis des siècles, un marché sur le champ de foire se conclut de façon irréversible en frappant la main du client, comme ici à Bulat-Pestivien.

les aimer. C'est aujourd'hui l'une des neuf races de trait reconnues en France. Avec le comtois, c'est celle qui, à l'heure des bilans, tire le mieux son épingle du jeu, puisqu'elle compte près de sept mille poulinières et plus de sept cents étalons. Mais on aura beau mettre des petites annonces sur internet, rien ne saurait remplacer la richesse des échanges, au petit matin, sous une pluie fine et dans l'odeur de paille et de crottin, autour de l'église de Bulat-Pestivien.

André Madouas vend ses châtaignes lors de la Teillouse de Redon, Île-et-Vilaine.

Chataîgnes.

Au commencement, il y a le châtaignier. Cadeau. Cadeau de la nature. Cadeau des envahisseurs romains. Vigoureux quand il est jeune, solide dans sa vieillesse, généreux toute sa vie, le châtaignier est le plus sympathique des arbres. Il fut d'ailleurs longtemps l'arbre de la rentrée scolaire. Ramassées sur le chemin de la communale ou achetées pour le goûter, déjà grillées, au coin de la rue, les châtaignes accompagnaient chaleureusement le petit chagrin de l'automne.

Même s'il n'y a plus de saison dans le ciel et dans les congélateurs, la châtaigne est un fruit d'automne qui garde bien sa place dans le calendrier et qui disparaît, comme il se doit, avec la volaille du nouvel an. Mais elle ne se contente pas d'être une friandise un peu à part. Son bois, facile à fendre, fait des meubles, des paniers, des bardeaux, des piquets, des tonneaux, des charpentes. Son écorce donnait un précieux tanin. Ses fleurs donnent un miel très fort en goût et les enfants fumaient ses chatons. Feuilles et fruits ont des vertus astringentes. Qui dit mieux ? Ici, le chêne se fait petit comme un roseau.

Bien que n'appartenant pas vraiment à la flore autochtone, certains châtaigniers pourraient, mieux que d'autres, raconter l'histoire de Bretagne : celui qui pousse à Nantes (quartier de l'Éraudière) a plus de mille ans, ceux de Baden, Campénéac, Trédfléan, ont plus de quatre cents ans. Le géant de Pont-l'Abbé n'a malheureusement pas survécu à un incendie. Quant à celui du Plessix, entre Rennes et Montfort, on dit qu'il avait 28 mètres de circonférence !
C'est en effet un arbre qui a une croissance rapide au début de sa vie mais dont la longévité est remarquable. Il aime l'humidité et déteste le calcaire, mais il lui faut de la chaleur en été pour que les fruits soient savoureux. Il ne pouvait donc que se plaire sur les schistes du sud-est de la région, dans le pays de Redon, qui, reconnaissant, célèbre cet arbre tous les ans. Cinquante ans de remembrement avaient pourtant mis à mal cet élément si important des paysages, de l'économie et de la culture traditionnelle.
Le châtaignier n'est d'ailleurs pas le seul à avoir souffert. N'oublions pas que son écorce ridée offre des loges à de multiples insectes. Lorsqu'il est vieux, son tronc creux est aussi bien à disposition des chouettes et des chauves-souris que du si rare pique-prune. Sans compter que ses fleurs, très nectarifères, sont visitées par les abeilles. Le châtaignier est un univers.
La récolte des marrons de Redon commençait traditionnellement le 1er octobre et connaissait son point culminant à la « foire des Teilloux », le 24. Fixée désormais au samedi le plus proche de cette date, la manifestation s'est élargie au chant traditionnel. Quel arbre breton peut se vanter d'avoir son pardon ?

Tangi Saout, bombarde, et Olivier Auriacombe, cornemuse, s'échauffent avant le passage au concours de la Bogue d'or, un des temps forts la fête de la Teillouse de Redon.

Tous les marrons – sauf le marron d'Inde – sont des châtaignes, mais toutes les châtaignes ne sont pas des marrons ronds !

DE GAUCHE À DROITE. Vendange à la main chez Bernard Gratas, sur le domaine de la Houssais au Landreau, Loire-Atlantique.

Vendanges.

Il va falloir s'y faire, la vigne reprend ses droits au nord de la Loire. Cela ne nous consolera pas vraiment du réchauffement climatique, mais cela renouera avec une tradition qui n'a pas plus de raisons d'être oubliée que le *kig ha farz* ou la galette de blé noir. Mais ici, ni grand-mère ni grand-père n'y peuvent rien. Les derniers plants de vigne ont dû être arrachés à la fin du XIXe siècle en presqu'île de Rhuys. Il faut aller un bon siècle en arrière pour découvrir que la vigne poussait jusque sur les coteaux de la Rance. En fait, on estime qu'à la veille de la Révolution il restait encore environ 150 hectares de vignes en Ille-et-Vilaine et 600 dans le Morbihan.

« Vivre et boire au pays », la revendication est récente mais à replacer dans un contexte déjà ancien. Depuis une cinquantaine d'années, le sentiment d'avoir perdu les repères de la société traditionnelle a généré ses contrepoisons. Après avoir bu pendant tant d'années les affreux mélanges débarqués par les pinardiers dans leurs ports, les Bretons ont une revanche à prendre. Savoir ce qu'ils boivent, retrouver des saveurs non homologuées, partager leurs expériences et leurs produits. Le poison du vin industriel où se sont noyés trop de chagrins appelle aussi une nouvelle jeunesse pour des cépages négligés. Leurs noms circulent comme les mots de passe d'une nouvelle résistance : oberlin, colobel, chambourcin, maréchal foch, seinoir, landal, raval, seyval ou rayon d'or.

Les vignes à l'automne, vues du haut du Moulin du Pé au Loroux-Bottereau, Loire-Atlantique.

Au départ, il s'agit d'aventures individuelles. Ici et là, des passionnés tentent de renouer avec une culture familiale ou locale. Parfois, il ne s'agit que de trouver une vocation pour un espace collectif. Les défricheurs essuient les plâtres d'une législation complexe et d'une administration d'autant plus tatillonne qu'elle ne connaît pas vraiment le sujet. Mais le sujet a un fort pouvoir fédérateur, car qu'importe que la loi interdise de vendre le vin obtenu puisque, dans la majorité des cas, il s'agit de vins associatifs qui n'ont d'autre vocation que d'être donnés et bus entre vignerons du dimanche. C'est même une revendication de l'association régionale que les plus déterminés d'entre eux ont créée : leurs vignes sont à vocation pédagogique, culturelle, touristique et historique. Quant à leurs vins, ils sont faits pour être bus, pas vendus !
Dans l'expression « tailler, sarcler, vendanger, presser, embouteiller, goûter ensemble », c'est bien sûr le mot « ensemble » qui est essentiel. Et le vin a le mérite d'en assurer une longue déclinaison au fil des multiples opérations qu'il nécessite, tant il est vrai qu'il y a loin du cep aux lèvres. Comment s'étonner alors qu'au tout début de l'automne, à l'heure de cueillir le raisin, puis, quelques semaines plus tard, à l'heure de vérité de la dégustation, la petite collectivité fasse fête, fasse corps, fasse sens, fasse vie ?

Chez Emmanuel Audrain, producteur de muscadet, domaine de Bel Air, à la Haye Fouassière, Loire-Atlantique.

QUOTIDIEN

La Chapelle Blanche, Côtes d'Armor.

Bourrasques.

Quand commence l'automne ? Début septembre, sans doute. Pour preuve ce que note Claude Roy dans son journal *La Fleur du temps (1983-1987)* du 3 septembre 1985 : « Belle-Île déserte. Camp de César. Réserve des oiseaux. Mer furieuse, ciel pur, vent fou. Il neige de la mer, des flocons dans le vent, à une hauteur inimaginable. Une mouette blessée qui boite sur la lande. Le cadavre d'un goéland. C'est tout. À la réserve, les oiseaux aujourd'hui se tiennent sur la réserve. Sauf un cormoran qui pêche dans les vagues, que je découvre à la jumelle. »

De fait, la rentrée des écoliers, des travailleurs, des politiciens, met fin, dès le tout début du mois, à la vacance de tout et de tous. Il suffit alors d'un coup de vent pour apporter les premières feuilles jaunies et nous conforter dans l'idée que l'été est bien derrière nous. Si le soleil tente encore quelque sortie trompeuse, il ne sera qu'indien ou de la Saint-Martin. Pas de quoi pavoiser, nul n'ignore que cet anticyclone ne nous vient plus des Açores mais de Sibérie. Le quotidien de l'automne, c'est le vent, le « maître vent », le « juge » (*ar barner*), cher à Pierre Jakez Hélias. Les perturbations qui déboulent du sud-ouest (*mervent*) semblent alors se fortifier des marées d'équinoxe comme pour reprendre de la vigueur après avoir secoué les Caraïbes et le sud-est des États-Unis. La langue bretonne reflète bien l'importance des vents dans le quotidien. En effet, ceux-ci deviennent des personnages à part entière dont on commente le caractère, au même titre que celui du voisin. Le vent de nord-ouest (*gwalarn*, d'où le français « galerne ») donne des coups violents, il est perçu comme le vent dominant et coléreux apportant les pires tempêtes – d'où les expressions *gwalarniñ unan bennak* (« gronder quelqu'un ») ou *bout e gwalarn* (« être en colère »). On dit parfois « être avare comme le vent du nord » (*bezañ skragn evel an avel nort*) ou « vent de nordé, vent avare » (*avel biz avel piz*). C'est sans doute parce qu'il ne dure pas, à l'inverse du *biz*, qui peut s'établir plusieurs jours au nord-est, se contentant parfois de descendre vers le sud-ouest (*gevred*) dans la journée. C'est en hiver que le *biz* glacial s'infiltre partout. On le considère alors comme le pire de tous (*an avel-zil eo ar gwasa*). Et quand il souffle, on dit que « le chien de l'hiver est en train d'aboyer » (*emañ ki ar goañv o harzhal*).

Mais il ne faudrait pas imaginer les Bretons en guerre avec le vent. Autant 5 centimètres de neige semblent les déstabiliser, autant c'est plutôt l'absence de vent qui les perturbe. N'oublions pas que, sur le littoral, on compte, au mieux, un jour sur dix sans vent, et dans les terres, au pire, un sur cinq. L'absence de vent devient même la pire des tortures pour les exilés contraints de supporter des « pays imbéciles » où jamais il ne vente. Et Chateaubriand, dans son exil ultime, n'a-t-il pas voulu être enterré au Grand-Bé pour n'entendre « que la mer et le vent » ?

Digue de Pors Gwen à Plouescat, Finistère, le 10 février 2009.

Pinces à linge au travail
sur l'île d'Ouessant.

Marchés d'automne.

Les grosses chaleurs sont passées, une cure de poissons et de fruits de mer est recommandée. C'est à la criée de Douarnenez que vous prêterez serment : « Pendant toute la durée de mon séjour, un poisson différent je mangerai chaque jour. » C'est dans un bar du port que vous vous organiserez : sur une feuille de papier couleur saumon, vous ferez votre liste. Par ordre alphabétique, peut-être : anguille, bar, congre, dorée, églefin, flet, grondin, etc. Par ordre chromatique, pourquoi pas : les bleus (sardine, thon), les rouges (dorade, rouget), les blancs (raie, merlu), les marbrés (vieille)… Par ordre gustatif : rouget, bar, lotte... Mais, puisque vous êtes à Douarnenez, donnez donc la priorité aux sardines fraîches qui ont fait les bonheurs et les malheurs de la ville. Les halles sont ouvertes tous les matins. Enfin, constituez-vous un kit de survie pour le retour : sardines à l'huile millésimées et thon au naturel !

Le marché de Saint-Brieuc a lieu tous les mercredis et samedis, il y a une session de rattrapage le dimanche à la Croix-Saint-Lambert. À moins d'aller jusqu'à Saint-Quay-Portrieux, c'est là que vous trouverez les coquilles Saint-Jacques de la baie. Un belle coquille pêchée en un temps record adapté chaque année aux ressources réellement disponibles. Un modèle pour les autres pêches ?

Les poissonneries des halles de Nantes sont un endroit extraordinaire pour découvrir les poissons d'eau douce, saumâtre ou salée. Pêchés dans le golfe de Gascogne, l'estuaire de la Loire ou les canaux de Brière, ils s'alignent en rangs serrés sur les étals. Flets, brochets, soles, mulets, aloses… Mais ce sont les lamproies, les aloses et les anguilles qui retiennent l'attention. La lamproie est un étonnant poisson vampire à qui l'on semble faire payer ses odieuses pratiques en la préparant dans son propre sang. La civelle n'est autre que la toute jeune anguille que l'on prend dans les estuaires avec des tamis, tant elle est fine. Restent les grosses « argentées » qui s'agitent dans les bacs. Après les avoir étouffées dans le sel (de Guérande, bien sûr) ou assommées, les amateurs les font griller dans du beurre sans enlever la peau.

Moules sur filière à Hillion, en baie de Saint-Brieuc, Côtes-d'Armor.

Le marché du samedi, sur la place des Lices à Rennes, au son de la bouèze (accordéon diatonique) et du violon.

Le golfe du Morbihan et Cancale se disputent la paternité de l'ostréiculture bretonne. On se gardera de prendre parti, car se serait se priver du plaisir de goûter chacun des crus produits sur les côtes bretonnes. Il y a en effet de sensibles différences entre les huîtres selon les eaux où elles ont été élevées, et il ne faut pas hésiter à composer un plateau d'huîtres comme on prépare une assiette de charcuteries ou une dégustation de vins. Un échantillonnage idéal devrait vous promener à Cancale et Paimpol, dans la baie de Morlaix et les Abers, en rivière de Belon et d'Étel, à Quiberon, dans le golfe, à Pénerf et au Croisic. Et, pour une fois, sans vous compliquer la vie avec les jours et horaires de marché, la vente directe étant largement pratiquée à proximité des parcs.

Le lin et la parole.

C'est pendant la dernière guerre que la quasi-totalité des « veillées de teillage » a disparu de Bretagne. Elles s'y pratiquaient au moins depuis le Moyen Âge. C'est dire que les derniers teilleurs de lin traditionnels, qui étaient enfants à l'époque, sont aujourd'hui très âgés. Mais ils ont gardé en mémoire une façon de vivre l'hiver dont on jugera la valeur à l'aune de nos soirées sur la Toile ou devant la télévision.
L'aune, la Toile… Ce passé qui ne passe pas complètement et tisse encore notre langage. Nous avons seulement perdu ce qu'était l'hiver du lin et ne savons pas ce que nous avons perdu. Peut-être vaudrait-il mieux ne pas trop le savoir. Mais vous n'y échapperez pas si vous lisez la suite.

À DROITE. Jean Yves Doyard fabrique un papier à base de chanvre et de lin, au moulin de Kereon à Saint-Sauveur, Finistère.

CI-DESSOUS. Fils de lin tressés. En bas. La fleur de lin s'ouvre brièvement, le matin.

Le lin est une plante textile dont on a découvert en Iran des graines utilisées par des hommes il y a trente quatre mille ans. On en trouve la trace dès le début du néolithique. La culture en est assez facile en climat humide et ne réclame pas des terres particulièrement riches. Semée dans la seconde quinzaine de mars pour obtenir deux mille pieds au mètre carré, la plante lève en une quinzaine de jours (et doit bientôt être sarclée), fleurit brièvement en juin et peut être récoltée dans la première quinzaine de juillet, une centaine de jours après le semis. On arrachait à la main les tiges jaunies et ornées des capsules dorées renfermant les graines. Un hectare pouvait fournir de cinq à dix tonnes, et cette énorme masse mise en bottes devait être égrenée avec des peignes spéciaux avant d'être mise à tremper dans des lavoirs spéciaux pour faciliter l'extraction de la fibre.

Puis arrivaient les mois noirs et le temps où lumière et chaleur ne venaient plus que de la grande cheminée. Il était alors temps de travailler la fibre. Les hommes tapaient dessus avec un maillet de bois puis passaient le lin, poignée par poignée, dans la broie, ce chevalet portant un double couteau en bois. Enfin, on séparait les écorces des étoupes en les frappant avec un bâton. Les enfants passaient les poignées de lin et les femmes filaient inlassablement. C'était un travail interminable, répétitif, qui permettait d'isoler 4 à 8 kilogrammes de fil pour 100 kilogrammes de matière première. Il fallait environ trois mille journées de filage pour venir à bout du matériau issu d'un champ d'un hectare.

Mais il y avait les contes. Les contes qui faisaient oublier le froid dans le dos, la triste pénombre, la fatigue dans les bras, les heures sans fin, les dents noires de l'hiver. Celui qui n'aurait pas eu quelques bons conteurs dans son équipe serait resté avec ses gerbes en tas. Il y avait des contes qui duraient plus d'une heure et des conteurs qui en savaient plus que ne pouvaient s'en souvenir les simples mortels. Il y avait les contes du renard, ceux du petit Yann, celui des trois frères, celui de Bilzig le voleur, celui de la montagne noire, que d'autres nommaient celui de l'homme aux sept filles...

Quand des mains restées mystérieuses ont fait sauter en février 1974 l'émetteur de télévision de Roc'h Trédudon, qui fournissait en images une bonne partie du Finistère et de ses abords, il n'a pas fallu longtemps pour que reprennent, avec ou sans contes, des « veillées de voisinage ». Chacun plaignait « ceux qui étaient tout seuls », mais de fait, rares étaient ceux qu'on oubliait d'inviter ou d'aller chercher. Quand, neuf mois plus tard, l'hiver revint, le pli était pris. En privé pour jouer aux cartes et discuter, en public pour danser, boire et s'amuser, il n'était pas difficile de trouver à s'occuper. Et la remise en route, un an après l'attentat, du nouvel émetteur fut davantage perçue comme une sorte de condamnation que comme une bonne nouvelle. Sans trop oser se l'avouer, chacun se trouvait une peu dans la situation des personnages d'une nouvelle de Boris Vian qui vivent libres et heureux depuis qu'un épais brouillard enveloppe le pays et a supprimé le sens de la vision. Quand le brouillard commence à se dissiper, ceux-ci préfèrent se crever les yeux. Malgré l'entêtement de quelques irréductibles, les téléviseurs se rallumèrent en 1975, et l'on fit comme si rien ne s'était passé.

Avec ou sans lin, avec ou sans contes, mais pas sans l'envie de parler, il faudra peut-être, un jour d'hiver, recommencer.

Yannig Germain en dédicaces et en vadrouille lors du festival Quai des Bulles, à Saint Malo, Île-et-Vilaine.

Rencontrer des auteurs.

Tout auteur un tant soit peu connu, disposant de temps libre et ayant autant le goût des déplacements que de l'autopromotion, pourrait aisément passer l'année entière à parcourir les salons du livre qui se tiennent un peu partout en Bretagne. Libraires et bibliothécaires se chargeant d'ailleurs sans problème de meubler un éventuel temps mort. Non seulement les Bretons lisent beaucoup, mais ils éditent plus que toute autre région française – Paris mis à part. Un fort réseau professionnel et bénévole contribue donc à assurer une animation régulière autour de la production littéraire régionale. Encore que le terme « littéraire » ne corresponde pas forcément à l'éclectisme de l'édition bretonne, les ouvrages proprement littéraires, c'est-à-dire relevant d'un véritable travail d'écriture romanesque ou poétique, étant fort rares. Mais c'est bien la diversité de l'édition bretonne qui fait le charme des salons du livre où elle s'expose, même si cette diversité est aussi source d'une dangereuse fragilité. Il faut naturellement mettre de côté certaines manifestations, tels le festival Étonnants Voyageurs à Saint-Malo pour la Pentecôte, le festival Quai des Bulles, également à Saint-Malo, en octobre, ou le Salon du livre insulaire à Ouessant, en août, qui ouvrent sur d'autres horizons.

En fait, s'il est une saison des salons du livre, c'est bien l'automne, avec ses rendez-vous de Gourin en septembre dans le cadre du Championnat des sonneurs, Carhaix en octobre pour le festival régional du livre et le salon des romanciers, Riantec en novembre, Le Relecq-Kerhuon en décembre.

La pratique des séances de dédicace vaccine rapidement les auteurs contre tout sentiment de déception face à la faible affluence qu'ils peuvent susciter dès lors qu'une renommée télévisuelle ne les précède pas. Pourtant, année après année, on retrouve les plus productifs dans les salons qui pensent à les inviter. Rêvent-ils d'une soudaine mobilisation d'un secret fan-club ? C'est peu probable, tant, au fil des ans, ils sont conscients que le livre dédicacé par l'auteur a connu une dévaluation continue et sensiblement comparable à celle de la table en Formica. Dans la majorité des cas, ces loyaux artisans du service après-vente avouent deux motivations véritables. La première est la certitude qu'ils rencontreront quelques auteurs sympathiques à leurs côtés et pourront ainsi prolonger, de salon en salon, une longue conversation sur les joies et les peines du métier. La seconde motivation est plus secrète, car, si la foule est rarement au rendez-vous (sauf, notons-le, pour les auteurs de bandes dessinées), il reste toujours l'espoir d'une rencontre instructive, surprenante, émouvante. Tantôt c'est l'ami perdu de vue que l'on a reconnu… à sa voix, tantôt c'est la lectrice attentive qui vous pose la question où tient tout le secret de votre livre, tantôt c'est l'enfant à la sidérante curiosité. Et demain, ce sera peut-être vous, lecteurs inconnus des *Quatre saisons en Bretagne* pour qui ces lignes sont écrites…

Zoom sur le Festival du livre en Bretagne, à Carhaix dans le Finistère.

Fêter les disparus.

L'hiver en Bretagne ne commence pas le 21 décembre, comme l'annoncent les calendriers des postes, mais bien le 1er novembre, aux « calendes d'hiver » (*kala-goañv*) qui ouvrent sur novembre, le « mois noir » (*miz du*), et décembre, le « mois tout à fait noir » (*miz kerzu*). Ce livre traitant des quatre saisons en Bretagne ne saurait donc se plier à une division calendaire ni plus ni moins arbitraire que les autres, équinoxes astronomiques mis à part. Le temps qu'il fait, la nuit chaque jour plus longue et l'inévitable retour des disparus nous imposent d'entrer, de gré ou de force, dans les heures les plus sombres de l'année, de pratiquer l'indispensable ascèse qui ouvrira la porte aux fêtes de fin d'année, à la Chandeleur, au carnaval…

L'Ankou du porche de l'église de La Martyre dans le Finistère.

Le soldat rouge du monument aux morts de Bonnœuvre, Loire-Atlantique.

Avec la brutale diminution de la pratique religieuse, on pouvait s'attendre à ce que les rituels de la Toussaint s'étiolent doucement. Il n'en est rien, car ils puisent leurs racines non dans la liturgie catholique mais bien au-delà, dans une très ancienne croyance à la communication entre le monde des morts et celui des vivants. Il n'y a qu'à parcourir n'importe quel cimetière breton au début du mois de novembre pour mesurer à quel point la communauté des vivants continue, vaille que vaille, à faire l'offrande symbolique qui tiendra les morts à la bonne distance – ni trop près ni trop loin. Et s'il est des tombes qui ne sont pas fleuries, c'est dans la majorité des cas parce que, la lignée étant éteinte, nul désormais n'a à redouter le reproche – qu'il vienne du voisinage ou de l'au-delà – d'oublier ses disparus.

Il faut rappeler ici que le jour des Morts (*gouel an anaon*) est un moment capital dans le calendrier traditionnel et que tout ce qui peut venir en aide aux défunts tout en protégeant les vivants de leurs possibles interventions est bon à prendre, des sonneries de cloches aux cérémonies religieuses, des

Avec son arbre à pommes et son pain des morts, le rituel du Breuriez à Plougastel-Daoulas, Finistère, exprime le lien entre chaque communauté villageoise et ses disparus.

aliments laissés sur la table à leur intention aux enfants payés pour réciter des prières au bord des tombes afin d'y retenir ceux qui n'y dorment que d'un œil… Entre héritage païen et préceptes chrétiens, la synthèse ne posait de problèmes qu'à quelques recteurs par trop orthodoxes. L'Église avait d'ailleurs pris la sage précaution de récupérer l'existant sous de nouvelles appellations, et c'est ainsi qu'elle fixa la fête des martyrs et de tous les saints au 1er novembre puis le jour des Morts au 2 novembre. Mais l'habitude de célébrer les fêtes en leur vigile a maintenu une remarquable confusion entre les deux journées. Depuis 1919, le 2 novembre se rejoue dans un rituel républicain le 11 du même mois. La violente saignée de la Première Guerre mondiale a essaimé dans tous les bourgs de longues listes de « morts pour la France ». Si les cimetières ont pratiquement partout été déplacés de l'abord des églises aux sorties des villages, les monuments aux morts, eux, maintiennent la présence d'une sorte de poste avancé au milieu des vivants. Le 11 Novembre n'a rien à voir avec les commémorations du 8 Mai, il appartient tout entier aux mois noirs, à cet hiver qui dura cinq longues années, à ce temps si particulier qui doit faire la part des morts pour que la vie puisse reprendre ensuite.

Vider les greniers.

Il y a longtemps que les greniers ont été nettoyés, aménagés, lambrissés, vidés. Pourtant, on les vide encore, toujours, plus que jamais. Pas un bourg, pas un quartier qui n'organise son vide-greniers pour alimenter les caisses de l'amicale laïque, de l'école des sœurs, du club sportif, de l'école Diwan, du comité des fêtes… Les vide-greniers sont presque devenus les fêtes patronales qui avaient, certes, l'objectif de ressouder la communauté des fidèles autour de son patron, mais aussi celui de récolter de quoi réparer l'église et faire vivre le desservant. Quant aux foires aux antiquités, elles ne sont rien d'autre que la grande messe épiscopale – un autre monde.

C'est à l'automne, chacun ayant fait le point après un été qui a forcément bousculé les habitudes, qu'il faut repartir à la découverte des petits vide-greniers. Car il se joue une partie très singulière dans les salles polyvalentes et les gymnases qui les accueillent alors, bien loin des stades, des pelouses et des trottoirs trop festifs de l'été.

Chacun vient étaler sur une table une vieille toile, une couverture ou rien du tout, ses vieux rêves et ses soucis, ses goûts et ses déceptions, ses espoirs et ses petits bonheurs. C'est parfois beaucoup plus indécent que toutes les émissions de confessions radiophoniques et télévisées, tant on peut tout deviner des uns ou des autres en voyant le malheureux bric-à-brac des illusions perdues. Certains tentent de toute évidence d'aller au-delà et de développer un véritable petit commerce souvent dénoncé sous le nom d'économie parallèle. Si parallèle que tout vendeur de vide-greniers qui se respecte calcule habilement marge arrière et rétrocommission sur la peluche verte et la tasse ébréchée.

C'est en fait le plus formidable musée de plein air sur la vie quotidienne qui soit. Par tranches de 2, 4 ou 6 mètres linéaires, on passe en revue l'armée des Barbies, des lampes, des boulons et des assiettes en sursis. Un geste, et ils vont peut-être réintégrer le monde des vivants. Sinon, ils sont condamnées à retrouver le grand grenier virtuel où ils attendront désespérément qu'on décide de les placer dans un énorme abri souterrain où ils resteraient le témoignage pour les siècles futurs de la vraie richesse de notre civilisation.

Oui, il y a une preuve dans ces pages du dérèglement climatique : la grande « foire à tout » de Lanvollon a lieu normalement en juin et en août…

J'aime les vide-greniers. La preuve : ce livre n'est-il pas un vaste « vide-Bretagne » où j'ai déballé souvenirs et portraits, histoires et bouquets, et où chacun pourra se servir, y ajouter les siens et tenter d'en faire des raisons de préserver nos lendemains ?

…Même si certains voudraient y voir la main de Dieu…

…c'est surtout, à n'en pas douter, l'effet « d'un long, immense et raisonné dérèglement de tous les sens » Rimbaud.

FARINE
SUCRE

DES MÊMES AUTEURS

Morlaix, l'arrière-pays et la baie, Ouest-France, 1998.
Animaux des légendes bretonnes, Ouest-France, 1999.
Les Cidres et leurs Eaux-de-vie, Ouest-France, 2000.
Les Bretons et leurs Animaux domestiques, Coop Breizh, 2000.
Les Jeux des Bretons, Ouest-France, 2002.
Des hommes et des oiseaux, Le Télégramme, 2003.
Quand on parle du loup en Bretagne, Le Télégramme, 2004.
Le Ciel des Bretons, Le Télégramme, 2005.
Le Taureau, sentinelle de la baie de Morlaix, Ouest-France, 2006.
Bretagne des terres, (avec G. Alle), Coop Breizh, 2006.
Îles de Bretagne, Apogée, 2006.
Chapelles de Bretagne, histoire et légendes, Ouest-France, 2007.
Anges, archanges et chérubins, Ouest-France, 2007.

PAGES DE GARDE. Quoiqu'en disent les panneaux routiers, la volonté de grandeur du créateur de la Bretagne atteint 385,01 mètres, altitude de Roc'h Ruz en Plounéour-Ménez, si l'on en croit les ultimes relevés topographiques. Il manquerait en fait dix centimètres au Roc'h Trevezel pour prétendre au titre !

TABLE DES MATIÈRES

ROC-TREVEZ
Altitude : 364m.6